Tanja Kohl

Nicht streicheln, ich arbeite

Wahre Führ-Hundegeschichten

Epubli GmbH

Bibliografische Information der Deutschen Nationalbibliothek
Die Deutsche Nationalbibliothek verzeichnet diese Publikation in der Deutschen
Nationalbibliografie; detaillierte bibliografische Daten sind im Internet über
http://dnb.d-nb.de abrufbar.

Die Illustrationen wurden von Maria Mai,
einer sehbehinderten jungen Frau angefertigt.

Druck und Verlag: epubli GmbH, Berlin, www.epubli.de

ISBN 978-3-86931-923-0

2. Auflage 2012

Kontaktadresse

Hessische Blindenführhundschule Blickpunkt

Mail: info@mein-blindenfuehrhund.de

Internet: www.mein-blindenfuehrhund.de

Widmung

Dieses Buch widme ich meinen bisherigen

Ausbildungshunden,

von denen ich alles gelernt habe,

was ich heute über Hunde weiß.

Nicht streicheln, ich arbeite

Vorwort 6

Kiwi – Meine kanadische Labradorhündin 8

Amigo und Penny – Meine ersten Blindenführhunde 12

Flynn – Der Navigator 15

Umba – Eine Hündin im Ausnahmezustand 17

Kiwi – Gefahr am Abgrund 19

Coco – Klein aber oho 21

Hummel – Eine ungewöhnliche Gespannprüfung 23

Nancy – Eine Schäferhündin als Polizeihilfskraft 32

Hope – Ein Australian Shepherd im Ausnahmezustand 34

Sally – Der Hund mit dem Knickohr 36

Cando – Ein treuer Weggefährte 38

Umba – Die Überlegene 40

Alonso – Er fordert blindes Vertrauen 42

Toni – Ausbildung mit Hindernissen 47

Paula – unterrichtet 50

Frieda – studiert 53

Annie – Ein Unfall mit Folgen 58

Amigo – Der ICE 62

Carlos – Mein bester Freund 65

Nando – Ein Riesenschnauzer als Schutzengel 69

Bruno – Missbrauch eines Hundes 70

Arnold – Der Labrador-Riese 76

Eddie – Das etwas andere Babyphone 80

Clara – Ein Großpudel in Aktion 82

Flash – Ein folgenschwerer Unfall 86

Umba – Unsere Menschenspezialistin 91

Bonny – Ein Blindenführhund als Therapiehund 93

Angus – Der stattliche Golden Retriever Rüde 95

Rusty – Mein exotischster Blindenführhund 101

Hanna – Mobilität auf vier Pfoten 103

Charly – Ein einfühlsamer Labradorrüde 107

Sunny – Eine Hündin reagiert allergisch 110

Matilda – Das Energiebündel 116

Ole – Der Erbstreit 119

Daja – Der Fitnesscoach 121

Kiwi – Acht auf einen Streich 125

Cesar – Die verschneite Gespannprüfung 127

Jana – Über Umwege zum Ziel 129

Lucky – Der Familienkonflikt 134

Anton – Rettung in letzter Sekunde 139

Luzzie – Die Zähmung eines Labradors 144

Flora – Eine Odyssee durch Deutschland 146

August – Ein Großpudel mit besonderen Fähigkeiten 149

Bommel – Der Scheidungshund 151

Vorstellung der Autorin 154

Weitere Veröffentlichungen der Autorin 155

Bei den Erzählungen handelt es sich um
wahre Führ-Hundegeschichten

Alle Personen- und Hundenamen wurden geändert.

Vorwort

Bei meiner Arbeit als Blindenführhundausbilderin sind mir in den vergangenen zehn Jahren so viele besondere Momente zuteil geworden, dass ich irgendwann den Wunsch hatte, diese Erlebnisse mit anderen Menschen zu teilen.

Doch zu allererst möchte ich kurz davon erzählen, wie ich zu meinem heutigen Beruf gekommen bin. Nach meiner abgeschlossenen Ausbildung zur Verwaltungsfachangestellten und einer anschließenden Weiterbildung zur Verwaltungsfachwirtin, arbeitete ich viele Jahre bei der Stadtverwaltung. Da mich diese Arbeit nicht erfüllte, schloss ich einen berufsbegleitenden Studiengang zur Betriebswirtin an. Nach erfolgreichem Studienabschluss wechselte ich in ein Forschungsunternehmen und kümmerte mich dort um die Verteilung von Fördermitteln. Mittlerweile hatte ich meinen jetzigen Mann kennen gelernt und wir lebten gemeinsam in Darmstadt. Irgendwie stellte sich die von mir erwartete Zufriedenheit immer noch nicht ein. Ich quälte mich jeden Tag aus dem Bett und die Arbeit machte mir keinen rechten Spaß.

Ein Fernsehbericht veränderte dann eines schönen Tages mein weiteres Leben. Der Bericht handelte über die Arbeit mit Blindenführhunden und da ich seit meinem 18. Lebensjahr immer Hunde hatte, faszinierte mich dieser Bericht von der ersten bis zur letzten Sekunde. Zu diesem Zeitpunkt hatte ich wohl meinen Entschluss bereits gefasst: ‚Ich wollte Blindenführhundausbilderin werden!' Am selben Abend sprach ich mit meinem Mann Andreas über mein Vorhaben und er fand die Idee großartig und unterstütze mich von Anfang an. Am nächsten Tag besorgte ich mir alle Fachbücher, die es über die Blindenführhundausbildung gab. Ich verschlang die Bücher und wurde in meinem Entschluss noch mehr bekräftigt. Nachdem ich einen Praktikumsplatz in einer Blindenführhundschule bekommen hatte, startete mein neues Abenteuer. Nach Beendigung des Praktikums war ich vollends davon überzeugt, dass ich endlich meinen Traum-Beruf gefunden hatte. Mein Mann und ich verließen unsere bisherigen Arbeitsstellen und lernten in einer Blindenführhundschule die Ausbildung von Blindenführhunden. Ich hatte vom ersten Trainingstag an das Gefühl, dass ich endlich eine Arbeit gefunden hatte, die mir sinnvoll erschien.

Hatte ich zuvor immer Probleme gehabt, früh aus dem Bett zu kommen, so gelang es mir nun mühelos.

Nachdem ich meine ersten zwei Blindenführhunde ausgebildet und an ihre blinden Besitzer übergeben hatte, war ich sehr glücklich und unglaublich zufrieden!

Einem harmonischen Führhundgespann bei der gemeinsamen Arbeit zuzusehen ist etwas ganz besonderes. Das gegenseitige Vertrauen zwischen dem sehbehinderten oder blinden Menschen und seinem Blindenführhund ist fast grenzenlos und das Zusammenspiel einzigartig! Dadurch, dass sich die Beiden täglich aufeinander verlassen müssen, wächst eine so starke Verbindung, wie ich es nie für möglich gehalten hätte. Es verursacht mir heute noch eine Gänsehaut, wenn ich ein gutes Führgespann arbeiten sehe. Darüber hinaus bin ich immer wieder von der Begeisterungsfähigkeit und dem Tatendrang meiner Ausbildungshunde fasziniert. Wenn es dann noch gelingt für jeden einzelnen Blindenführhund den passenden sehbehinderten oder blinden Kunden auszuwählen und diese Beiden zu einem guten Gespann zusammen zu führen, hat sich die Arbeit gelohnt. Es erfüllt mich immer wieder aufs Neue mit innerer Zufriedenheit und Stolz, wenn das Führgespann sich gegenseitig „blind vertraut".

Ich hoffe, dass ich einen Teil meiner Begeisterung an die Leser weitergeben kann und dass mein Buch dazu beiträgt, dass der Arbeit von Blindenführhunden mehr Beachtung geschenkt wird, denn sie leisten einen sehr wichtigen Beitrag zur Selbständigkeit von sehbehinderten und blinden Menschen!

Für die Unterstützung bei der Verwirklichung meiner Buch-Idee, möchte ich mich insbesondere bei Maria Mai für die einfühlsamen Illustrationen und für ihr hervorragendes Sprachgefühl bedanken. Eine weitere unentbehrliche Hilfe waren mir mein Mann Andreas Kohl, sowie Anna-Lea Hiller und Brigitte Schäfer, die einen wichtigen Anteil bei der Fertigstellung des Buches leisteten.

Tanja Kohl   Bad König, Dezember 2010

Kiwi – Meine kanadische Labradorhündin

Als wir auf der Suche nach einer neuen Zuchthündin waren, kam uns der Zufall zur Hilfe. Freunde von uns hatten ein Ferienhaus in Canada und wollten zu der Zeit dorthin als wir einen Labrador-Welpen als Zuchthündin suchten. Sie versprachen uns die Augen in Canada offenzuhalten. Als eine Woche später der Anruf aus Canada kam, dass hier eine blonde Labradorhündin von acht Wochen zum Kauf stand, zögerten wir nicht lange und willigten ein. Wir überließen die Auswahl der Hündin der dortigen Züchterin. Darüber hinaus baten wir Sie, die Hündin Kiwi zu nennen. Wir erhielten am nächsten Tag eine e-Mail mit dem ersten Foto von unserer Kiwi. Kiwi hatte zehn Geschwister und ihre Mutter war eine nervenstarke, wesensfeste Labradorhündin mit robuster Gesundheit. Wir waren ganz gespannt auf unseren Neuzugang.

Einige Wochen später holten wir Kiwi am Frankfurter Flughafen ab. Unser Freund hatte es durch diplomatische Überredungskunst geschafft, dass Kiwi den ganzen Flug in der Passagierkabine sein durfte und zum Liebling aller Stewardessen wurde. Nach der Klärung aller Formalitäten am Flughafen wurde Kiwis Transportbox geöffnet und sie spazierte mit vollem Selbstbewusstsein aus ihrer Box, schaute sich voller Neugier die Umgebung an und begrüßte uns stürmisch. So wie Kiwi sich dort präsentierte, ist sie heute noch. Kiwi ist mittlerweile erwachsen und hatte auch schon ihren ersten eigenen Wurf Welpen, bestehend aus drei Rüden und fünf Hündinnen. Sie ist eine sehr robuste, nervenstarke und sozialverträgliche Hündin, die aber auch einen guten Anteil Esel mitbringt, der es manchmal etwas schwierig macht mit ihr zu arbeiten. Was mich aber immer wieder an ihr begeistert, ist ihre Ruhe.

Wir hatten vor einigen Jahren eine schwierige Prüfung in der Schweiz vor uns. Die Generalprobe am Tag zuvor war überhaupt nicht so gelaufen, wie ich mir das vorgestellt hatte. Bei einer Übung hatte mich meine Kiwi total veräppelt. Sie sollte bei Fuß mit mir eine Wegstrecke zurücklegen. Als wir losgingen war noch alles in Ordnung. Kiwi lief nahe an meiner linken Seite und hielt Augenkontakt. Da Kiwi die Übung genau kannte, wusste sie auch, dass wir dieselbe Strecke zuerst hin- und dann auch wieder zurück laufen würden. Als ich etwa die Hälfte der Strecke zurückgelegt hatte folgte eine Kehrtwende und dann der Rückweg. Ich drehte mich herum, natürlich in der festen Überzeugung, dass meine

Kiwi immer noch an meiner linken Seite war und richtete meinen Blick auf den Rückweg. Und wer saß dort mitten auf dem Weg? Meine Kiwi! Sie war einfach nur einen Teil der Strecke mitgelaufen und da sie ja wusste, dass ich sowieso auf dem Rückweg wieder hier vorbei gehen musste, setzte sie sich und wartete auf mich. Und ich hatte es die ganze Zeit nicht bemerkt, weil ich mich einfach felsenfest auf meine Kiwi verlassen hatte. Zuerst war mir die Situation total peinlich, aber dann musste ich doch mit den Umstehenden laut mitlachen. Ich hoffte nur inständig, dass sich Kiwi am nächsten Tag bei der Prüfung diesen ‚Scherz' nicht erlauben würde. Am Prüfungstag war ich sehr aufgeregt und total nervös. Kiwi spürte das natürlich auch und ich wusste nicht, wie sie damit umgehen würde, da sie erst knapp eineinhalb Jahre alt war. Als einige der Kandidaten vor uns mit ihren belgischen Schäferhunden durch die Prüfung rasselten, weil deren Hunde ebenfalls die Nervosität ihrer Halter gespürt und die Übungen deshalb nicht mehr korrekt ausgeführt hatten, wurde ich immer nervöser. Endlich waren wir an der Reihe. Wir betraten den Übungsplatz und begannen mit der ersten Übung. Dabei ging es darum, den Hund innerhalb kürzester Zeit durch die Kommunikation des Hundeführers zum Spielen zu animieren, ihn dann mit einem Spielzeug zu bestätigen und danach den Hund ins Platz zu kommandieren. Kiwi hatte wohl gespürt, dass es heute um alles ging und legte sich ins Zeug wie nie zuvor. Wer schon mal versucht hat einen Labrador innerhalb weniger Minuten aufzudrehen, weiß wie schwer das ist, schließlich saugen sie die Gemütsruhe bereits mit der Muttermilch ein! Wir gingen vom Platz und ich freute mich sehr mit meinem Hund. Als nächstes stand die Unterordnungsübung an, die am Vortrag total schief gelaufen war. Ich war also noch aufgeregter als vorher. Wir gingen auf den Platz und Kiwi war wie ausgewechselt. Sie führte die Übung diesmal perfekt aus. Sie trabte neben mir her und befolgte alle Anweisungen schnell und präzise. Ich platzte fast vor Freude! Auch diese Übung haben wir erfolgreich beendet. Nun folgte Kiwi's Paradedisziplin, das Apportieren. Sie blieb ruhig sitzen bis das Apportel geworfen war, stürmte auf Kommando los um es zu holen und brachte es noch schneller zurück. Das war geschafft! Daraufhin folgte die Übung Sitz und Platz auf eine Distanz von zehn Metern und Abruf in die Fuß Position. Zuerst kommandierte ich Kiwi ins Sitz, entfernte mich zehn Meter von ihr und blieb mit dem Rücken zu ihr stehen. Dann drehte ich mich um, wartete kurz und kommandierte Platz, was Kiwi auch sogleich ausführte. Als ich gerade Sitz sagen wollte, führte es Kiwi bereits aus und eine Sekunde später sprach ich es aus. Da der Prüfer dachte, ich hätte reflexartig auf das Sitzen meines Hundes das Kommando nachgeschickt, bekam ich keinen Punktabzug. Dabei war ich ja unmittelbar davor das Kommando auszusprechen und habe nicht erst auf Kiwis Sitz reagiert. Aber das war bis heute Kiwis und mein Geheimnis. Danach rief ich Kiwi zu mir und sie führte das Kommando sofort aus und saß bei Fuß. In mich rein grinsend verließen wir den Platz. Als nächstes wartete auf uns die Aufgabe, dass Kiwi ohne Leine bei Fuß mit mir an einer freilaufenden Entengruppe vorbei musste. In einem Meter Entfernung zu den Enten musste Kiwi ins Platz gelegt werden und ich ging außer Sichtweite und wurde vom Richter nach einiger Zeit wieder gerufen, um den Hund abzuholen. Dabei musste Kiwi nochmals an den Enten vorbei und zu mir in die Fuß Position kommen. Kiwi machte super mit, sie blieb ohne Leine bei mir, legte sich sofort ins Platz, wartete ruhig neben den Enten und kam angeschossen, als ich sie abrief.

Anschließend wartete die nächste Aufgabe auf uns. Nun mussten wir an einer angebundenen Ziege vorbei und auch dort musste ich Kiwi ablegen, um sie anschließend wieder abzurufen. Kiwi war interessiert an der Ziege, hatte aber auch den nötigen Respekt vor ihr. Sie folgte mir, legte sich zögerlich ins Platz, da ihr die unmittelbare Nähe der Ziege Respekt einjagte und als ich sie abrief, raste sie zu mir und wir verließen zusammen den Platz. Endlich hatten wir den praktischen Teil der

Prüfung abgeschlossen und ich war mächtig stolz auf meinen Hund und mich. Wer hätte das gedacht, dass mein Hund stärkere Nerven beweisen und mir von Beginn der Prüfung an vermitteln würde, dass wir das Ding schon schaukeln werden!

Zum Abschluss wurde ich nochmal in Theorie geprüft und strengte mich sehr an, da Kiwi schließlich auch alles gegeben hatte. Bis zur Verkündung des Prüfungsergebnisses konnten wir es kaum aushalten, dann war es soweit. Wir wurden in den Prüfungsraum gebeten und erhielten alle unsere Bewertung. Das unglaubliche war geschehen: Kiwi und ich hatten von den rund zwanzig Teilnehmern den zweiten Platz belegt! Nur eine Hundeführerin mit einem Riesenschnauzer war besser als wir. Das war deshalb so unglaublich schön, weil Kiwi und ich während des Trainings immer etwas belächelt wurden, ein Labrador in so einer Prüfung neben belgischen Schäferhunden, Riesenschnauzern und Jack Russel Terriern. Aber wir haben ihnen gezeigt, dass auch ein Labrador schnell, wendig und triebstark sein kann und darüber hinaus Nerven wie Drahtseile hat!

Amigo und Penny – Meine ersten Blindenführhunde

Als ich die Ausbildung zum Blindenführhundtrainer begann, bekam ich zwei Hunde als Schüler. Einen schwarzen Großpudelrüden namens Amigo und eine schwarz-graue Schäferhündin namens Penny. Amigo war ein sensibler Hund, der sehr schnell lernte. Er war von jeder neuen Übung begeistert und entwickelte sich zu einem eifrigen Schüler. Penny war ein ganz anderer Charakter. Sie war zwar ebenfalls sehr gelehrig, aber sie brauchte auch einen starken Rudelführer, der ihr immer mal wieder klar machte, wer der Chef ist. Durch Penny lernte ich sehr viel über Durchsetzungsvermögen und was ein Rudelchef so alles mitbringen muss, um einen Hund von seiner Führungsqualität zu überzeugen.

Nach den ersten zwei Monaten der Ausbildung erfolgte die erste von drei Qualitätsprüfungen der Hunde. In der ersten Prüfung mussten die Hunde zeigen, ob sie Sitz, Platz und Fuß, sowie das Herankommen verstanden hatten. Darüber hinaus mussten sie auf einem geraden Gehweg in der Stadt führen, die Richtungsänderungen nach rechts und links durchführen, eine Kehrtwendung machen, sowie eine Sitzgelegenheit auf entsprechendes Hörzeichen aufsuchen. Meine anfängliche Nervosität legte sich nach den ersten Übungen, denn es lief sehr gut. Ich bekam meine Gratulation zur ersten bestandenen Prüfung und war sehr stolz auf meine Hunde und mich.

Nach weiteren drei Monaten erfolgte die zweite Prüfung. Diesmal war ich noch aufgeregter, weil mein Ausbilder selbst mit meinen Hunden die Prüfung absolvierte und ich nicht dabei sein durfte. Nun würde sich zeigen, ob meine Blindenführhunde auch einer fast fremden Person das Gelernte zeigen würden oder nicht. Ich hielt die Spannung kaum aus, bis der Ausbilder nach zwei Stunden endlich wieder mit beiden Hunden erschien. Beide Hunde hatten, bis auf ein paar Kleinigkeiten, die bisher gelernte Führarbeit gezeigt und bestanden. Ich war überglücklich! Es folgte der Endspurt der Ausbildung. In dieser Zeit trainierte ich ausschließlich in Großstädten wie Darmstadt, Frankfurt und Wiesbaden. Dabei mussten die Hunde alle vierzig Kommandos ausführen, die ein Blindenführhund insgesamt beherrschen sollte. Ich fuhr mit meinen Hunden Bus, U-Bahn, S-Bahn sowie Zug. Darüber hinaus mussten sie unbekannte Wege laufen und Nahziele wie Treppen, Türen, Aufzüge,

Sitzgelegenheiten, Briefkästen, Schalter, Automaten, Ampeln und Zebrastreifen suchen. Bei diesem Training wurde zeitgleich der Blindenstock eingesetzt, damit sich beide daran gewöhnten. In dieser Trainingsphase wurden auch verschiedene Gänge von mir unter der Dunkelbrille vorgenommen, wobei ein zweiter Trainer immer hinterherlief. Dieser teilte mir in bestimmten Abständen meinen Standort mit, damit ich dem jeweiligen Hund das richtige Kommando geben konnte. Dieses Training forderte immer meine volle Konzentration, da ich mich auf meine verbliebenen Sinne verlassen musste. Auch meine Hunde mussten sich erst auf meinen nun etwas unsicheren Gang einstellen.

Nach nochmals zwei Monaten intensiven Trainings der Hunde wurde die Abschlussprüfung durchgeführt, in der mein Ausbilder alle Kommandos überprüfte, die die Hunde beherrschen sollten. Dazu gehörte auch die Überprüfung der intelligenten Gehorsamsverweigerung bei herannahendem Verkehr. Dabei wartet der Prüfer an einer Straße darauf, dass sich ein Fahrzeug annähert und gibt dann dem Führhund das Kommando zum Überqueren der Straße. Der Führhund muss dieses Kommando verweigern, indem er stehen bleibt.

Ich saß wie auf glühenden Kohlen und wartete gespannt auf die Rückkehr meines Ausbilders. Natürlich hatte ich in den zurückliegenden Monaten meine Führhunde kennen und schätzen gelernt. Ich kannte ihre Stärken und Schwächen und war sehr gespannt darauf, wie sie sich zeigen würden. Nachdem der Ausbilder nach immerhin vier Stunden aus der Stadt zurückkehrte und ich das Ergebnis ‚bestanden' schriftlich in den Händen hielt, war ich so stolz! Der Ausbilder hatte genau dieselben, mir bekannten Stärken und Schwächen meiner Schützlinge erkannt. Nun hatte ich noch einen Monat Zeit an den kleinen Schwächen zu arbeiten, um dann anschließend die Einschulungen mit den vorgesehenen Sehbehinderten zu beginnen. Beide Einschulungen liefen gut und Penny bestand ihre Gespannprüfung mit ‚sehr gut'.

Bei einer Gespannprüfung begutachtet ein externer Prüfer, ob der Sehbehinderte mit seinem Blindenführhund zu Recht kommt und beide zusammen als Team verkehrssicher sind.

Amigo musste keine Gespannprüfung ablegen, da die Krankenkasse des Sehbehinderten darauf verzichtet hatte.

Beide Blindenführhunde haben ihren Dienst täglich mit viel Hingabe verrichtet und Penny würde heute noch arbeiten, wenn ihr Herrchen nicht aufgrund gesundheitlicher Probleme gezwungen gewesen wäre sie abzugeben. Wir haben Penny zu uns in die Führhundschule geholt, wo sie ihre Rente genießt. Von Amigo mussten wir leider im Jahr 2007 Abschied nehmen, da er viel zu jung, einem Krebsleiden erlag. Amigo und Penny sind und bleiben für mich ganz besondere Führhunde, da ich mit und durch sie die Faszination der Führhundausbildung kennengelernt habe. Die Leidenschaft mit der diese beiden Hunde ihre verantwortungsvolle Aufgabe erlernt und ausgeführt haben, hat mich an die weitere Ausübung dieses faszinierenden Berufes gefesselt. Was Hunde im Stande sind zu leisten habe ich in dieser Zeit erfahren. Wie oft werden sie doch von uns Menschen unterschätzt! Die Hilfe, die Blindenführhunde ihren sehbehinderten Besitzern leisten, ist für diese von unschätzbarem Wert und diese Wertschätzung spüren die Hunde. Als ich meine beiden Blindenführhunde und deren Besitzer nach einem halben Jahr besucht habe und sie beim Führgang begleiten durfte, war ich gerührt von der Teamarbeit, die sie leisteten. Wenn man das einmal sehen durfte wird man es nie mehr vergessen!

Flynn – Der Navigator

Flynn, ein blonder Labrador Rüde, wurde im Jahr 2001 von unserer Hündin Umba zur Welt gebracht und wuchs dann in einer Patenfamilie auf. Die Familie bereitete ihn optimal auf seine Aufgabe als Blindenführhund vor. Als Flynn zwölf Monate alt war, kam er zurück in unsere Führhundschule. Es folgte eine weitreichende Gesundheitsuntersuchung. Flynn brachte gesundheits- und wesensmäßig alle Voraussetzungen mit, um ein guter Blindenführhund zu werden. Also begannen wir mit der Ausbildung. Flynn hatte eine sehr gute Auffassungsgabe und viel Freude am Arbeiten. Er war ein Musterschüler und beendet seine Ausbildung in einer Rekordzeit von fünf Monaten. Flynn absolvierte die Abschlussprüfung mit sehr gutem Erfolg und nachdem feststand, welcher blinde Kunde zu ihm passte, begann die Einschulung. Nun sollte aus dem Blindenführhund und dem blinden Mann namens Helmut ein Team werden.

In der Einschulung wurde sehr schnell deutlich, dass Flynn eine bessere Orientierungsfähigkeit als sein neues Herrchen hatte. So passierte es des Öfteren, dass Helmut auf dem Weg zum Metzger nicht mehr wusste, ob er nun nach rechts oder links weiter gehen musste. Da sich Flynn den Weg bereits gemerkt hatte, führte er Helmut auch dann richtig, wenn dieser die falsche Richtung angegeben hatte. Flynn kannte das Ziel und das reichte ihm aus, um dorthin zu führen. Nach einigen Monaten waren die Beiden gut aufeinander eingespielt und Flynn hatte sich mittlerweile daran gewöhnt, dass sich Helmut des Öfteren verlief und er den Weg nach Hause selbst suchen musste. Jeden Tag gingen Helmut und Flynn zum Einkaufen und der Weg führte meist erst zum Bäcker und danach zum Metzger. Da Flynn beim Metzger immer eine Scheibe Wurst bekam, änderte er häufig die Route und führte zuerst dorthin und dann zum Bäcker. Helmut bemerkte wohl, dass der Weg heute anders war, überließ es aber trotzdem Flynn. Das wäre bei einem anderen Blindenführhund sicherlich auf Dauer schief gegangen, denn eigentlich sollte der blinde Besitzer immer bestimmen, wo es hingeht. Ein Blindenführhund sollte nur dann Abweichungen vom Weg selbstständig vornehmen, wenn dieser Weg durch Hindernisse oder dergleichen versperrt ist.

Flynn nutzte seine umfassende Selbstständigkeit aber nie aus und so kamen die Beiden immer an ihr vorgesehenes Ziel - früher oder später jedenfalls!

So wollte Helmut eines Tages zu seinem Sohn laufen. Der Sohn wohnte in der Nähe und der Weg dorthin führte durch ein längeres Waldstück. Flynn suchte den Weg durch den Wald und kam nach einer dreiviertel Stunde an der Haustür des Sohnes an. Dort erfuhr Helmut, dass sein Sohn gerade unterwegs sei und erst in einer Stunde wiederkommen würde. So machten sie sich unverrichteter Dinge auf den Heimweg. Doch Flynn sah seinen Auftrag noch nicht als erledigt an und führte Helmut kreuz und quer durch den Wald, um nach eineinhalb Stunden nochmals vor der Haustür des Sohnes anzukommen. Nun war der Sohn zu Hause und Helmut konnte seine Erledigungen vornehmen. Danach führte Flynn auf direktem Weg nach Hause, denn der Auftrag war nun erledigt.

Umba – Eine Hündin im Ausnahmezustand

Umba ist unsere mittlerweile zwölfjährige schwarze Labradorhündin. Sie war bis vor zwei Jahren der Chef unseres vierköpfigen Hunderudels. Nun hat Dolly, unsere zehnjährige schwarz-graue Schäferhündin die Leitung übernommen. Umba ist aber immer noch unser Vorbild, was die Leitung und Führung eines Rudels angeht. Sie musste nie um ihren Stand kämpfen, sondern zeigte allein durch ihre Körpersprache den anderen Hunden, dass sie der unangefochtene Chef war. Diese Führungsposition behauptete sie stets unblutig und mit einer Gelassenheit, die uns in all den Jahren immer wieder beeindruckte. Teilweise reichte ein strenger Blick von Umba einem anderen Hund gegenüber und schon ging dieser ihr aus dem Weg. Von Umba haben wir mehr über Hundeverhalten gelernt als aus Hundebüchern. Sie hat in den letzten Jahren insgesamt vier Würfe mit achtzehn Welpen zur Welt gebracht und fünf dieser Nachkommen sind Blindenführhunde geworden.

Eine Geburt entwickelte sich besonders dramatisch. Umba hatte einsetzende Presswehen, aber es schien mit der Geburt nicht voran zu gehen, obwohl sich der Welpe bereits im Geburtskanal kurz vor dem Ausgang befand. So entschieden wir uns mit Umba in unsere Tierklinik zu fahren. Dort machte man mir keine Hoffnung bezüglich der Überlebenschancen des Welpen. Es war sehr schwierig den Welpen aus dem Geburtskanal herauszuholen, aber schließlich gelang es der Tierärztin doch noch. Der Welpe war sehr schwach und zeigte erst nach einer halben Stunde kräftigen Rubbelns Lebenszeichen. Zuerst waren wir erleichtert. Die Ärzte stellten nach einer röntgenologischen Untersuchung fest, dass keine weiteren Welpen im Muttertier waren. Wir packten also Umba und ihren Welpen ein und fuhren nach Hause. Wir gaben dem Welpen den Namen Dusty und hofften, dass er sich trotz der komplizierten Geburt normal entwickeln würde. Im Welpenzimmer hatte ich ein Klappbett aufgestellt, um die erste Zeit immer bei Umba und Dusty sein zu können und alle Veränderungen mitzubekommen. Dusty war von der ersten Minute an nicht so wie die bisherigen Welpen. Er versuchte nicht an die Zitze der Mutter zu gelangen und kroch ihr auch nicht nach, wenn sie sich von ihm weglegte. Auch Umba verhielt sich nicht wie bei ihren vorherigen Würfen.

Sie jammerte unentwegt und machte keine Anstalten sich wie sonst intensiv um den Welpen zu kümmern. Weil Dusty nicht die Zitzen der Hündin suchte, fütterte ich ihn alle zwei Stunden mit Ersatzmilch und massierte ihm danach den Unterbauch, damit er sich entleeren konnte. Zuerst hatte ich die große Hoffnung, dass er durch die Aufnahme der Milch so viel Kraft bekommen würde, um selbstständig Umba`s Zitzen aufzusuchen und sich säugen zu lassen. Aber alle Bemühungen schienen vergebens, denn am nächsten Tag bekam Dusty Atemstillstände in immer kürzeren Abständen. Es war die Hölle für den Welpen, die Hündin und uns. Wir brachten Dusty sofort in die Tierklinik und hofften inständig auf ein Wunder. Dusty wurde eingehend untersucht und die Ärztin gab ihm eine Spritze gegen Bauchschmerzen, denn er hatte einen sehr aufgeblähten Bauch und sie nahm an, dass dies von der Ersatzmilch herrührte. Der Zustand von Dusty verschlimmerte sich weiter und die Ärztin empfahl uns, ihn von seinem Leid zu erlösen. Es führte kein Weg daran vorbei, er musste eingeschläfert werden, denn sonst hätte er sich noch weiter gequält. Das wollten wir ihm nicht zumuten. Die Tierärztin gab Dusty eine Spritze und er reagierte überhaupt nicht mehr auf den Einstich. In diesem Moment wusste ich, dass es die richtige Entscheidung war, aber es tat trotzdem verdammt weh! Dusty schlief ganz ruhig ein und wir ließen Umba nach dessen Herzstillstand noch einmal an ihm schnüffeln. Sie schnüffelte, wendete sich von ihm ab und begann zu zittern und zu jammern. Die Tierärztin musste ihr sogar eine Beruhigungsspritze geben. Wir nahmen Dusty mit nach Hause, um ihn dort zu begraben. Umba war am Ende. Normalerweise nehme ich meine Hunde nie mit ins Bett, aber in diesem Fall spürte ich, dass Umba meine körperliche Nähe brauchte, um darüber hinwegzukommen. Als sie bei mir lag, beruhigte sie sich und schlief ein. Umba suchte am nächsten Tag das ganze Haus nach Dusty ab und jammerte unentwegt. Wir haben unsere Hündin nicht wiedererkannt. Sie duldete in den nächsten zwei Wochen keinen anderen Hund in ihrer Nähe und jammerte die ganze Zeit. Nach zwei Wochen verhielt sie sich wieder wie vorher und ließ unsere anderen Hunde auch wieder in ihre Nähe. Ich habe noch nie einen Hund so leiden sehen wie Umba in dieser Zeit und ich hätte vorher auch nicht gedacht, dass ein Hund so leiden könnte.

Kiwi – Gefahr am Abgrund

Als wir vor drei Jahren im Urlaub in Österreich waren, erlebten wir etwas Unglaubliches. Wir hatten an einem Tag beschlossen eine Tageswanderung zu unternehmen. So liefen wir am frühen Vormittag los. Der Weg führte über verschiedene Bergpässe an wunderbaren Bächen und Berghütten vorbei und wir genossen diesen wunderschönen Sommertag. Da es in Österreich häufiger über Weiden und Wiesen geht, wo auch freilaufende Rinder oder Pferde grasen, hielten wir das zuerst für nichts Besonderes.

Die eine Weide, die wir überqueren mussten, war rechtsseitig durch die Berge und linksseitig durch einen tiefen Abgrund begrenzt. Auf der Wiese graste in einiger Entfernung eine ansehnliche Pferdegruppe. Da ich mich immer auf meine Kiwi verlassen konnte, leinte ich sie nicht an, sondern ließ sie frei bei Fuß laufen. Ich hatte aber nicht mit der Unberechenbarkeit der Pferdegruppe gerechnet, die auf dieser Wiese lebte. Als wir fast am Ende der Wiese waren, stürmten drei Pferde von hinten auf mich und Kiwi zu. Kiwi erschreckte sich und rannte nach vorne los. Das war die Chance für die Pferde. Sie jagten sofort hinter Kiwi her und trieben sie von mir weg.

Ich war kurzzeitig erstarrt vor Schreck, weil ich sah, wie die Pferde versuchten Kiwi Richtung Abgrund zu treiben. Ich wusste, dass wenn ich es nicht schaffen würde, sie sofort zu mir zu rufen, sie so lange gejagt werden würde, bis sie entweder den Abgrund runterstürzen oder tot getreten werden würde. Ich rief mit meiner ganzen Verzweiflung nach Kiwi. Und das unglaubliche geschah, Kiwi drehte sich zu den Pferden um und rannte unter ihnen durch zu mir. Ich leinte sie sofort an und verjagte die nun heran galoppierenden Pferde. Diese hatten genug Respekt vor dem Menschen, so dass sie abdrehten. Wahrscheinlich haben sie auch meine Adrenalinausschüttung gewittert und gespürt, dass ich fest entschlossen war meinen Hund zu verteidigen. Endlich erreichten wir das Ende der Wiese. Ich war heilfroh, dass Kiwi so ein unglaublich großes Vertrauen zu mir gehabt hatte und unter all den Pferdebeinen hindurch zu mir gerannt war. Gar nicht auszudenken, was alles hätte passieren können. Mir war das jedenfalls eine große Lehre! Auch wenn ich meinem Hund vertraue, weiß man nie, was in den anderen Tieren vorgeht, die frei auf einer Wiese laufen, wenn ein für sie fremder Eindringling die Wiese überquert. Ich leine meinen Hund jetzt immer an, wenn ich über eine Wiese mit anderen Tieren gehen muss.

Coco – Klein aber oho

Eines Tages rief uns unsere Grosspudelzüchterin an und bot uns eine für die Zucht zu klein geratene schwarze Hündin an. Wir fuhren hin und schauten uns die Hündin an. Coco war eine ziemlich kleine Hündin, die aber ein sehr gutes Wesen und einen starken Charakter hatte. Wir nahmen sie mit in unsere Blindenführhundschule und testeten Coco in allen möglichen Umweltsituationen, wie zum Beispiel, wie sie auf vorbeidonnernde LKWs reagierte, welches Verhalten sie gegenüber anderen Menschen, Artgenossen und anderen Tieren zeigte und ob sie im Testverlauf ängstlich oder aggressiv reagierte. Coco ließ sich von nichts und niemandem beeindrucken und glänzte durch ihre Ruhe und Überlegenheit. Nach der Gesundheitsuntersuchung stand fest, dass sie für die Blindenführhundausbildung geeignet war. Coco lernte mit viel Begeisterung. Während der Ausbildung lernte Coco dann auch ihren zukünftigen blinden Besitzer Robert kennen. Wir besuchten Robert zu Hause in seiner Wohnung. Als wir die Wohnung betraten, waren er und sein Freund da und Coco konnte eigentlich nicht wissen, wen von den Beiden sie später führen sollte. Aber genau das wusste Coco sofort: Sie lief zielstrebig zu Robert und legte ihren Kopf auf seinen Schoß. Robert freute sich sehr über diese direkte und liebevolle Kontaktaufnahme von Coco und schloss sie sofort in sein Herz. Wir waren alle total überrascht von Coco's Verhalten und mussten eingestehen, dass die Beiden wohl einen sehr guten Draht zueinander hatten. Coco bestand ihre Abschlussprüfung nach sechs monatiger Ausbildungszeit. Nun war sie bereit für ihre Aufgabe als Blindenführhund.

Bei der Einarbeitung bestätigte sich der erste Eindruck und es entwickelte sich sehr schnell eine innige Beziehung zwischen Coco und Robert. Das gegenseitige Vertrauen wuchs durch die tägliche Führarbeit. Bei der Gespannprüfung, die von einem externen Prüfer durchgeführt wurde, ließen sich Coco und Robert von den chaotischen Verkehrsverhältnissen in Frankfurt und einer schwierigen Baustelle, die sie zu meistern hatten, nicht beirren und bestanden die Prüfung. Coco's Herrchen musste morgens immer sehr früh aufstehen und zur Arbeitsstelle gehen, die jedoch nur einige Minuten von zu Hause entfernt war. Jeden Morgen hatte Robert Probleme seinen Hund zu wecken, denn Coco stellte sich als eine ausgesprochene Langschläferin heraus. Nachdem Robert einige Wochen große Mühe hatte Coco morgens aus ihrem Körbchen zu bekommen, hatte er einen Einfall, den er auch gleich in die Tat umsetzte. Er ließ Coco morgens weiter schlafen und dachte, wenn er die Wohnung ohne sie verlassen würde, würde sie am nächsten Morgen sofort parat stehen. Aber Coco dachte gar nicht daran: Sie blieb ruhig in ihrem Körbchen liegen und machte keine Anstalten mitgehen zu wollen. Also ging Robert zur Arbeit und holte Coco während der Frühstückspause um 9.30 Uhr zu Hause ab. Das gefiel Coco anscheinend, denn als Robert zurückkehrte, um sie zu holen, stand sie schwanzwedelnd an der Tür. Am nächsten Morgen in der Früh machte Coco wieder keine Anstalten mit kommen zu wollen und daher holte Robert sie erst wieder in der Frühstückspause ab. So verrückt das auch klingt, aber Robert fand es in Ordnung, dass sein Hund noch länger schlafen wollte und handhabe es ab diesem Tag so. Darüber mussten wir natürlich schmunzeln, denn einen Langschläferhund hatten wir vorher auch noch nicht. In der Ausbildung hatte Coco schließlich auch immer früh aufstehen müssen und da hatte es auch funktioniert. Daran erkennt man die hohe Intelligenz der Königspudel! Da wir immer wieder zum Training mit unseren Blindenführhunden in Frankfurt sind, schauten wir eines Tages bei den Beiden vorbei. Als die Haustür aufging hob Coco wie in Zeitlupe ihren Kopf, um zu sehen wer da kommt. Erst dachte ich sie hätte Probleme mit dem Rücken, weil sie ihren Kopf so langsam hob, dann sah ich aber den Grund dafür. Coco trug eine große Kuhglocke um den Hals. Ich musste erst einmal laut loslachen, denn der Anblick der kleinen schwarzen Großpudelhündin mit einer originalgetreuen Kuhglocke um den Hals, war wirklich zum Schreien komisch! Nachdem ich mich wieder gefasst hatte, fragte ich Robert, wo denn Coco's Glöckchen sei, welches sie vorher getragen hatte. Er sagte, dass er das Glöckchen auf einem Spaziergang verloren und sofort Ersatz benötigt hatte, da er Coco sonst im Freilauf nicht hätte hören können. Da er keine kleine Glocke mehr gehabt hatte, behalf er sich mit einer Kuhglocke. Zum Glück hatte ich noch ein Ersatzglöckchen dabei, das ich ihm für Coco geben konnte. Coco freute sich über die nun wieder gewonnene Halsfreiheit und sprang um mich herum. Auch ich war froh, dass Coco wieder ein für sie passendes Glöckchen anhatte und machte mich auf den Heimweg.

Hummel – Eine ungewöhnliche Gespannprüfung

Hummel war ein ausgebildeter Führhund, eine blonde Labradorhündin und ein Herz von einem Hund. Sie war mit anderthalb Jahren als Führhund abgegeben worden und hatte auch ihre Gespannprüfung erfolgreich abgelegt. Ein Jahr später passierte dann das Unfassbare. Ihre blinde Besitzerin starb viel zu früh durch einen schrecklichen Unfall. Sie wollte an diesem Tag nur noch mal schnell in die Apotheke gehen und ließ Hummel deshalb zu Hause. Die Apotheke war nur fünf Minuten von zu Hause entfernt und so dachte sie sich, dass sie für dieses kurze Stück nicht auf Hummel's Unterstützung angewiesen sei. Hätte sie ihren Führhund lieber mitgenommen, denn auf dem Weg passierte es: Die sehbehinderte Frau wollte gerade die Hauptstraße überqueren und lauschte auf den Verkehr. Dabei überhörte sie wohl die herannahende Straßenbahn. Sie wollte im letzten Moment noch zurückweichen, es war aber zu spät und sie wurde von der Straßenbahn erfasst und tödlich verletzt. Die Nachricht traf uns zutiefst, wir waren entsetzt und geschockt. Die Krankenkasse der Verstorbenen entschied, dass Hummel, da sie erst zweieinhalb Jahre alt war, sofort zu einem anderen Blinden kommen sollte. Wir suchten also im Hinblick auf Hummel's Charakter einen passenden blinden Kunden und fanden eine sehr nette blinde Frau aus Norddeutschland. Wir holten Hummel erst einmal zu uns, um ihr ein paar Wochen Zeit zu geben, sich umzustellen. Dann stellten wir sie der neuen Besitzerin vor und die Beiden mochten sich auf Anhieb. Das Problem war nur, dass die blinde Marie vorher einen Führhund besessen hatte, mit dem sie gar nicht zufrieden gewesen war und den sie deshalb nach kurzer Zeit wieder an die Führhundschule zurückgegeben hatte. Jetzt hatte sie natürlich Angst, dass das mit Hummel auch passieren könnte. Wir konnten sie dahingehend beruhigen, denn das Problem, das ihr vorheriger Führhund gehabt hatte, lag vermutlich an der Ausbildung. Der Hund lief weg, wenn man ihn von der Leine machte und kam erst nach Stunden zurück oder man hatte ihn suchen müssen. Meist war er dann bei der Hündin des Nachbarn zu finden, die einige Kilometer entfernt wohnte.

Bei der Einschulung von Marie und Hummel merkte man aber glücklicherweise sofort, dass das Vertrauen zwischen den Beiden täglich zunahm. Als Marie dann zusätzlich merkte, dass Hummel immer freudig heran kam, wenn sie sie rief und dass wir sie ableinen konnten und sie trotzdem immer in der Nähe blieb, war das Eis gebrochen. Die Einschulung machte uns allen dreien viel Spaß und auch die Familie von Marie schloss Hummel gleich in ihr Herz. Nach rund drei Wochen Einschulung ließ ich die Beiden alleine laufen, damit sie ihre Zusammenarbeit noch weiter vertiefen konnten, bis wir die Gespannprüfung absolvieren würden. Zwei Tage vor der Gespannprüfung reiste ich noch mal an, um zu sehen, wie die Zusammenarbeit nun lief. Die Beiden waren in der kurzen Zeit ein harmonisches Gespann geworden und Hummel kannte bereits alle relevanten Wege, die Marie mit ihr zurücklegen wollte. Wir sahen der Gespannprüfung gelassen entgegen. Allerdings hatten wir nicht mit dieser Prüferin gerechnet. Am Tag der Gespannprüfung kam die Prüferin und begann bereits am Anfang an allem herumzumäkeln, wie z.B. warum bereits nach sechs Wochen die Gespannprüfung stattfinden sollte und warum nicht alle Unterlagen so waren, wie sie es sich vorgestellt hatte. Man muss bedenken, dass Marie durch diese Kommentare natürlich nervös wurde. Ich redete ihr gut zu, dass sie doch wisse, dass sie sich auf ihre Hummel verlassen könne und so starteten wir die Prüfung.

Wir wollten zuerst zur Arbeitsstelle von Marie laufen, da dies ihr täglicher Weg war. Als Marie Hummel anschirrte und losging, folgte die Prüferin unmittelbar hinter ihnen. Das heißt, zwischen Prüferin und Führhund lag nur ein Schritt, wenn Hummel also mal kurz stoppte und die Prüferin es nicht sofort mitbekam, trat sie Hummel am Hinterlauf, was diese natürlich nicht lustig fand und sich deshalb immer öfter nach hinten umdrehte. Das Umdrehen wurde dann von der Prüferin als Anhänglichkeit mir gegenüber gesehen. Mit dieser Beurteilung zeigte sich zum ersten und leider nicht zum letzten Mal, die Inkompetenz der Prüferin. Nicht nur, dass die Prüferin so eng an dem Führhund und der Blinden lief, sie diktierte auch die ganze Zeit über Kommentare auf ihr Diktiergerät, wie zum Beispiel „Führhund bleibt nicht an Wirtschaftswegen stehen, sondern setzt seinen Weg fort", „Führhund dreht sich häufig um", „Führhund läuft nicht exakt in der Mitte des Radweges" und so weiter. Diese Kommentare machten die Führhundhalterin zunehmend nervöser, weil sie natürlich dachte, dass dies alles Minuspunkte für sie und ihren Hund sein würden.

Marie bekam langsam Angst und war sich nicht mehr sicher, die Prüfung zu schaffen. Hinzu kam noch, dass die Prüferin während der gesamten Zeit, den Prüfungsweg kommentierte, mit zum Beispiel „Das ist für den Führhund ja keine große Aufgabe, da müssen wir nachher noch mal was suchen, was ihn wirklich fordert" und so weiter und so fort. Dazu muss man wissen, dass der Arbeitsweg der Blinden von ihrem Wohnhaus aus, einen etwa über zweieinhalb Kilometer langen Radweg verlief, der dann in die Kleinstadt führte. Dort mussten sie noch die Hauptverkehrsstraße und eine Nebenstraße überqueren und ungefähr 500 Meter auf dem Gehweg entlang laufen, um zur medizinischen Massagepraxis zu gelangen, wo Marie arbeitete. Der Radweg wurde immer wieder durch Wirtschaftswege unterbrochen, jedoch ohne jegliche Kenntlichmachung für den Führhund. Das heisst es gab weder einen Bordstein, noch eine weiße Linie, so dass Hummel nur an diesen Wegen gestoppt hätte, wenn sich ein Fahrzeug genähert hätte, ansonsten aber ohne anzuhalten weiter gelaufen wäre. Natürlich gibt es anspruchsvollere Wege für einen Blindenführhund, aber schließlich hatte sich ihre blinde Besitzerin diesen Weg nicht ausgesucht, dies war nun mal ihr Arbeitsweg. Außerdem ist es auch schwierig für einen Hund, auf einem Weg zu führen, wo wenig Ablenkung ist und nur hier und da mal ein Fahrrad den Weg kreuzt oder aus einem der Wirtschaftswege ein Traktor oder PKW rauskommt. Denn gerade auf solchen Wegen ist die Gefahr groß, dass ein Führhund sich, durch schnuppern oder sonstiges, den Weg interessanter macht, aber Hummel tat nichts dergleichen, sie lief aufmerksam im Führgeschirr und hatte den Kopf immer oben.

Nachdem wir dann die Hauptstraße sicher überquert hatten, ergab sich die folgende Situation. Es kam uns, auf unserem Gehweg, eine junge Frau mit Kinderwagen entgegen. Die Frau lief immer weiter auf das Führgespann zu und da der Gehweg sehr eng war, wich Hummel nach rechts aus und Marie streifte mit ihrem Fuß einen Pflanzstein, der dort im Weg stand. Sogleich nahm die Prüferin dieses Ereignis, mittels Diktiergerät, zur Kenntnis und lamentierte lautstark über die unzulängliche Führqualität von Hummel, obwohl das der erste Fehler war, den sie vom Gespann gesehen hatte. Da Sie lediglich die Fehler in ihr Diktiergerät auf sprach, hörte sich das ganze natürlich sehr dramatisch für Marie an und die Nervosität steigerte sich bei ihr und übertrug sich auch auf Hummel. Zusätzlich streifte die Prüferin immer noch ab und zu Hummel mit ihrem Fuß, wenn das Gespann unvermittelt stehen blieb. Dann überquerten wir eine Nebenstraße und hier befand sich auf der Hälfte der Überquerung eine Verkehrsinsel. Diese hatte weder einen Bordstein, noch eine Markierung, sondern bestand lediglich aus einem rechts und linksseitigen Blumenbeet. Da Marie schon sehr verunsichert war, bemerkte sie nicht, dass Hummel auf der Verkehrsinsel kurz anhielt und schob sie einfach weiter über die Straße. Da jedoch kein PKW weit und breit zu sehen war, sollte das auch kein Problem für die Prüfung darstellen. Weit gefehlt!!! Die Prüferin besprach erneut entrüstet ihr Diktiergerät, dass man auf diese Weise doch keine Straße überqueren könnte und so weiter. Marie war mittlerweile den Tränen nah, aber das berührte die Prüferin keineswegs. Der Rest des Weges lief ohne Beanstandung und Hummel suchte nach Aufforderung sofort die Eingangstür zur Massagepraxis. Dort angekommen, machte ich den Vorschlag eine kurze Pause einzulegen. Die Prüferin wollte keine Pause machen, aber ich bestand darauf, denn schließlich macht es auch für den Führhund keinen Sinn, erst ein Ziel anzulaufen und dann sofort weiter zu gehen. Darüber hinaus brauchten die Beiden dringend eine Pause, um sich wieder zu fangen. Nach einer kurzen Kaffepause ging es weiter. Nun sollte der Prüfungsweg in die Kleinstadt und dort in verschiedene Geschäfte führen. Als wir los marschierten, die Prüferin wieder direkt hinter dem Führhund her laufend, führte der Weg zunächst wieder über die Seitenstraße mit der Verkehrsinsel und dann Richtung Stadt. Als wir gerade eine Ampelkreuzung überqueren wollten, fiel der Prüferin ein, noch einen Abstecher in unbekanntes Gebiet zu machen. Also beschrieb sie Marie, wo es langgehen sollte und diese schickte ihren Blindenführhund in die angekündigte Richtung. Nun sah die Prüferin eine Treppe und am Ende der Treppe eine Eingangstür zu einem Gebäude und wies Marie an, sich die Treppe suchen zu lassen. Hummel zog sofort Richtung Gebäude los und zeigte statt der Treppe, den Rollstuhlweg an. Dieser führte natürlich genauso zum Gebäude rauf und war der leichtere Weg, da hatte die Hündin mitgedacht. Die Prüferin jedoch nicht, die sah es als unmöglich an, scheuchte Beide wieder runter, damit Marie Hummel so lange anwies, die Treppe zu suchen, bis diese die Treppe nahm – natürlich alles unter den Augen der, ins Diktiergerät kommentierenden Prüferin, was die Sache nicht erleichterte. Oben angelangt, zeigte Hummel sofort die Tür an und danach sollte der

Weg in die Stadt fortgesetzt werden. Marie war mittlerweile hochrot, schwitzte und vergaß, bei all dem Stress, hin und wieder ihre Hündin für die Arbeit zu loben, was Hummel natürlich auch verwirrte, weil Marie sie sonst immer lobte. Als wir uns auf dem Weg Richtung Stadt befanden, schickte uns die Prüferin noch auf einen Marktplatz. Auf einen solchen Marktplatz, wo die Orientierung aufgrund der Unübersichtlichkeit für einen vollblinden Menschen praktisch nicht möglich ist. Hier sollte Hummel einen Briefkasten anzeigen, der hinter einer Sitzbank an der Wand hing. Hummel suchte angestrengt, da sie noch nie an diesem Briefkasten war und als sie ihn gefunden hatte, sprang sie freudig an der Sitzbank hoch, da diese ja vor dem Briefkasten stand. Die Prüferin kommentierte dies wieder mit ungenügend guter Ausbildung des Hundes und dem Unvermögen den Briefkasten ordnungsgemäß anzuzeigen. Ich dachte in diesem Moment, ich bin im falschen Film! Ich war geschockt von den Kommentaren der Prüferin, die meiner Meinung nach nur deren Inkompetenz zeigten. Es sollte noch schlimmer kommen!

Auf dem Rückweg forderte die Prüferin Marie auf, den Weg gerade fortzusetzen und da diese mittlerweile überhaupt nicht mehr wusste, wo sie war, lief sie ihrem Hund vertrauensvoll hinterher. Da die Beiden auf direktem Weg Richtung des fließenden Verkehrs liefen und dort weder ein Bordstein noch eine andere Begrenzung war, dachte ich, dass die Prüferin Marie noch etwas sagen würde. Aber weit gefehlt, schließlich wollte die Prüferin ja sehen, ob der Blindenführhund auch tatsächlich vor dem Verkehr stoppen oder weiterlaufen würde. Hummel stoppte mit vollem Körpereinsatz, so dass die Blinde anhalten musste und im selben Moment fuhr ein PKW vor ihnen vorbei. Mir stockte der Atem, denn die Prüferin hätte in dieser Situation nicht mehr eingreifen können, sie war in diesem Moment viel zu weit vom Gespann entfernt und ich bezweifele, dass ein Ruf in diesem Moment ausgereicht hätte. Statt nun einmal etwas Positives in ihr Diktiergerät zu kommentieren, setzte sie den Weg einfach fort. In der Stadt angelangt merkte man dem Gespann langsam die mittlerweile schon zweistündige Prüfung an und eine Pause wäre abermals angemessen gewesen. Aber es ging weiter. Nach dem Besuch einiger Geschäfte, was die Beiden sehr gut meisterten, machten wir uns endlich auf den langen Rückweg nach Hause. Dabei überquerten wir einige Ampelkreuzungen und Hummel wirkte sehr angestrengt. Sie zog auf dem Gehweg extrem Richtung Gras, was eigentlich immer bedeutete, dass sie dringend musste. Marie bemerkte vor lauter Stress nichts, daher mischte ich mich ein und sagte es ihr. Sie hielt sofort an und nahm Hummel aus dem Geschirr. Diese zog sofort auf den Grünstreifen und hatte einen starken Durchfall, der sich schwallartig ergoss. Das sah nicht gut aus und ich schlug vor, die Prüfung hier zu unterbrechen und Marie am Arm nach Hause zu führen, damit der Hund frei hatte. Aber die Prüferin bestand darauf, dass Hummel noch bis nach Hause führen sollte, obwohl sie sich auf dem weiteren Weg noch dreimal am Straßenrand entleeren musste und es ihr augenscheinlich nicht gut ging. Die Konzentration von Hummel war nicht mehr vorhanden und so zog sie, in einem unbedachten Moment, zu weit nach rechts Richtung Straße. Da wir uns bereits auf dem Radweg heimwärts befanden, lief der Verkehr ohne jegliche Abgrenzung neben uns her. Ich hatte den Eindruck, dass die Prüferin auf diesen Fehler gewartet hatte, denn dies war ein Grund, die Beiden durchfallen zu lassen. Anstatt die Prüfung nun zu beenden, bestand die Prüferin weiter darauf, dass Hummel bis nach Hause führen sollte. Dort angekommen, man kann es nicht glauben, musste Hummel auch noch die Unterordnungsübungen, wie Sitz, Platz, Fuß und Bleib zeigen. Hummel war so fertig, dass sie aus der Ablage gar nicht mehr aufstehen wollte. Sie wollte nur noch Wasser trinken und ihre Ruhe haben.

Als wir zur abschließenden Besprechung ins Haus gingen und die Prüferin uns eröffnete, dass sie so einen Hund natürlich nicht bestehen lassen konnte, platzte mir der Kragen! Ich fragte sie, an welchen Kriterien sie das Durchfallen von Hummel denn fest mache. Sie nannte tausend Kleinigkeiten, die andere Prüfer überhaupt nicht erwähnen würden, denn erstens ist und bleibt ein Blindenführhund ein Hund und zweitens war der Hund an diesem Tag augenscheinlich krank und man hätte spätestens nach der ersten Durchfallattacke den Prüfungsgang abbrechen müssen. Aber da die Prüferin weiter geprüft und Hummel dann den wirklich sicherheitsrelevanten Fehler gemacht hatte und zu nah zum Verkehr gelaufen war, nahm sie das als Hauptkriterium, dass sie die Prüfung nicht bestanden hatten. Marie war am Boden zerstört und weinte und die Prüferin versuchte sie allen Ernstes damit zu trösten, dass man die Prüfung ja wiederholen könnte und nach ein paar Wochen Training, diese dann auch gelingen würde. Ich dachte, ich höre nicht recht! Ich platzte vor Wut, wusste aber das es unter diesen Gegebenheiten keinen Sinn machte, mit dieser Dame zu diskutieren, denn erstens hatte sie mit ihren Kommentaren während der Prüfung gezeigt, dass sie keine Ahnung von den Fähigkeiten und Grenzen eines Blindenführhundes hatte und zweitens, dass sie auch in keinster Weise gewillt war, irgendetwas einzusehen oder dazu zu lernen. Wir beendeten das Gespräch und die Prüferin verließ das Haus.

Nun besprach ich in Ruhe mit Marie, wie wir weiter vorgehen wollten und wann wir die Wiederholungsprüfung ansetzen sollten. Natürlich würden wir versuchen bei der Krankenkasse einen anderen Prüfer mit mehr Kompetenz über Hunde und Blinde zu bekommen, aber wir wussten, dass das schwer werden würde. Wir vereinbarten außerdem weitere Trainingstage und ich fuhr erst mal zurück nach Hause.

Als einige Wochen später die nächste Prüfung anstand, brachte ich Verstärkung mit. Nachdem wir mit der Krankenkasse gerungen, diese aber auf die Prüferin der ersten Gespannprüfung bestanden hatte, mussten wir uns wappnen. Daher reiste die Ausbilderin von Hummel mit an, denn ich war nur für die Einschulung des Teams verantwortlich. Wir hatten diesmal eine Kamera dabei, um die gesamte Gespannprüfung zu filmen, denn nachdem ich der langjährigen Ausbilderin die damalige Prüfungssituation geschildert hatte, wollten wir bei der zweiten Prüfung sicher gehen und Material in den Händen haben, falls es darauf ankommen würde. Durch das Training war Marie wieder sehr sicher geworden und wir überzeugten sie vor der Prüfung, dass wir uns diesmal nicht alles gefallen lassen würden. Die Begrüßung mit der Prüferin fiel sehr kühl aus und als wir die Kamera auspackten wollte diese erst protestieren, aber wir bestanden darauf, den Ablauf der Prüfung zu filmen. Nun ging es also los. Wir starteten genauso wie beim letzten Mal und die Prüferin lief erneut direkt hinter der Hündin, die sich deshalb wieder umschaute. Aber diesmal hatten wir ja eine Kamera dabei, um alles aufzunehmen. Hummel führte, trotz ihrer Verfolgerin, zielstrebig und aufmerksam. Der Weg zur Massagepraxis war nach unserer Sicht fehlerfrei, aber die Prüferin mäkelte wieder daran herum, dass Hummel nicht an jedem Wirtschaftsweg anhielt, sondern nur, wenn Verkehr nahte und kommentierte dies wieder mittels Diktiergerät. Nach dem Besuch der Massagepraxis ging es direkt weiter in die Stadt und nach der Überquerung der Seitenstraße passierte es: Marie war kurz durch die Kommentierungen der Prüferin abgelenkt und merkte dadurch nicht, dass Hummel statt dem Gehweg weiter zu folgen, auf den Parkplatz einer Sparkasse lief. Sie gab dann natürlich die falschen Kommandos zum weiter gehen, weil sie ja gar nicht wusste, dass sie nicht mehr auf dem Gehweg war. Hummel blieb vor einer Hauswand stehen und wartete auf weitere Anweisungen. Da griff die Ausbilderin von Hummel ein. Sie rannte ohne auf die Prüferin zu achten zu Marie, sagte ihr, wo sie sich befand und führte sie am Arm auf den richtigen Gehweg zurück. Die Prüferin war so überrascht, dass sie gar keine Einwände erhob und die Blinde war so froh darüber, dass ihr in dieser Situation geholfen worden war. Der Weg ging dann ohne Probleme weiter und führte wieder zum Marktplatz. Dort angekommen, zeigte Hummel ohne Probleme den Briefkasten an und führte Marie danach zu einem Geschäft. Danach wollte die Prüferin noch die Übung sehen, bei der Hummel einer Person folgen sollte. Sie sagte dies Marie und rannte auch schon vorne weg, ohne mit dem Hund Kontakt aufgenommen zu haben. Bis Marie das Kommando gegeben hatte, war die Prüferin schon 400 Meter weiter weg und Hummel wusste nicht, dass Sie ihr folgen sollte und lief ziellos voran. Die Prüferin kommentierte wieder ausgiebig in ihr Diktiergerät und meinte, dass Hummel dieses Kommando nicht beherrschen würde. Daraufhin erklärten wir der Prüferin, dass sie zunächst einmal Kontakt zum Hund aufnehmen müsse, weil der Hund ja sonst nicht wissen könne, dass er ihr und nicht einem anderen Passanten folgen sollte. Sie erwiderte darauf, dass die anderen, von ihr geprüften Hunde, das auch alle gekonnt hätten und wiederholte diese Übung nicht mehr. Wir beruhigten Marie und machten ihr Mut, dass diese Übung kein Grund dafür wäre, durchzufallen. Marie bewältigte den Rest des Prüfungsweges sehr gut und wir waren absolut überzeugt von der Leistung der Beiden. Auf die Unterordnungsübung, die meist am Ende der Prüfung erfolgt, verzichtete die Prüferin dann, weil wir diese ja schon das letzte Mal bestanden hatten, was sie damals aber nicht verlauten ließ. Als wir zur abschließenden Besprechung ins Haus gingen, begann die Prüferin wieder damit Kleinigkeiten aufzuzählen, die nicht so gut gelaufen waren, wie beispielsweise die Folge-Übung. Trotzdem musste sie die Prüfung als 'bestanden' werten, da keinerlei sicherheitsrelevanten Mängel bei der Führarbeit ersichtlich gewesen waren. Marie war sichtlich erleichtert, es endlich geschafft zu haben und wir freuten uns mit ihr! Die Prüferin ließ es sich allerdings nicht nehmen, nochmals auf ihr erstes Urteil zurück zu kommen und eine Grundsatzdiskussion über die Ausbildung von Blindenführhunden zu beginnen. Wir hatten kein Interesse an einer Diskussion und so blieb es bei einem Monolog der Prüferin, die abschließend noch erwähnte, dass man sich immer mehrmals im Leben wieder sehe und das dies sicher nicht die letzte Prüfung bei ihr sei. Wie man sich irren kann!!! Bis zum heutigen Tag haben wir bei dieser Prüferin keine Prüfung mehr abgelegt, weil wir uns weigerten, uns nochmals einer solchen Inkompetenz auszusetzen. Wir haben Erfolg damit gehabt und in jedem Fall einen anderen Prüfer verlangt, wobei wir keinen bestimmten Prüfer wollten, nur diese Prüferin, aus gutem Grund, nicht mehr!

Nancy – Eine Schäferhündin als Polizeihilfskraft

Als wir Nancy, eine fast zweijährige schwarz braune Schäferhündin, bei ihrem blinden Herrchen Heiner einschulten, trafen zwei unterschiedliche Erwartungshaltungen aufeinander. Heiner dachte, dass Nancy sich einen einmal gelaufenen Weg sofort merken könnte und diesen beim zweiten Mal auch wieder genau gleich laufen würde, wie zum Beispiel, dass sie die Straße an derselben Stelle überqueren würde. Dass ein Blindenführhund aber keine Maschine und kein Navigationssystem ist, sondern ein Lebewesen, hatte er dabei leider vergessen. An einem der Trainingstage veränderte sich die Einstellung von Heiner zu seinem Blindenführhund. Wir waren gerade im U-Bahnhof, als er Nancy nach rechts schickte. Nancy führte den Befehl aus und führte bis zum U-Bahn-Abgrund, blieb dort stehen und blockierte das Weitergehen. Da Heiner dachte, dass Nancy nur mal wieder bocken würde, machte dieser einen Schritt nach vorne in den Abgrund. Da ich sehr nah an den Beiden dran war, konnte ich Heiners Jacke greifen und ihn daran festhalten, andernfalls wäre er in den Abgrund gestürzt und hätte seinen Hund mitgezogen. Nach diesem Erlebnis sah er ein, dass er sich seinem Blindenführhund mehr anvertrauen musste. Heiner versuchte Nancy nun mehr Vertrauen zu schenken und die Zusammenarbeit wurde von Tag zu Tag besser. Nach einer sechswöchigen Einarbeitung hatte sich eine gute Teamarbeit zwischen den Beiden entwickelt. Heiner hatte in dieser Zeit gelernt, Nancy die Führung zu überlassen ohne dabei die Kontrolle abzugeben. Er bestimmte die Richtung und Nancy zeigte ihm den besten Weg zum Ziel. Beide bestanden mit Bravour ihre Abschlussprüfung, bei der sie einen fremden Weg zurücklegen mussten und viele schwierige Situationen zu meistern hatten. Neben Baustellen stand auch eine Fahrt mit der U-Bahn und mit dem Bus an. Heiner vertraute Nancy und sie dankte dies mit einer konzentrierten Führarbeit und einem sehr guten Gehorsam im Freilauf.

Als Heiner nach einigen Monaten abends mal wieder unterwegs war und seine Hündin frei laufen ließ passierte es: Nancy war etwas weiter voraus gelaufen und daher außer Sicht, als sich eine Person Heiner annäherte. Es ging alles ganz schnell, die Person, ein jüngerer Mann, hatte nichts Gutes im Sinn. Er stellte sich Heiner in den Weg und verlangte im barschen Ton die Herausgabe seiner Geldbörse.

Heiner schrie aufgeregt nach Nancy und die kam wie der Blitz heran, warf den Angreifer um und stellte sich über ihn. Sobald der Angreifer den Versuch machte aufstehen zu wollen, lies Nancy ein leises Knurren hören und der Angreifer blieb ängstlich am Boden liegen. So konnte Heiner in aller Ruhe, mit Hilfe seines Handys, die Polizei rufen.

Der Angreifer flehte, er solle doch den Hund wegnehmen, aber Heiner ließ Nancy so lange über ihm stehen, bis die Polizei da war. Heiner war sehr stolz auf seinen Blindenführhund und gab ihr einen Ring Fleischwurst als Belohnung. Dieses Erlebnis hat die Beiden noch mehr zusammen geschweißt, denn sie haben Beide gemerkt, dass sie sich immer aufeinander verlassen können!

Hope – Ein Australian Shepherd im Ausnahmezustand

Als ich Hope kennen lernte war sie gerade einmal ein Jahr alt. Hope war ein typischer Ausi mit allen Vor- und Nachteilen. Die Vorteile dieser Rasse sind Anhänglichkeit, Intelligenz, Arbeitsfreude und der Wille seinem Herrn zu gefallen. Die Nachteile sind seine unglaubliche Sensibilität und sein Schäferhund-Erbe, was das Verhalten gegenüber anderen Hunden angeht, denn sie mobben gerne. Hope ist eine sehr schöne dreifarbige Hündin mit zweifarbigen Augen.

Die Ausbildung von Hope war ein Vergnügen, denn sie lernte schnell und war leicht zu führen. Da ich gleichzeitig noch zwei Labradore in Ausbildung hatte, musste ich mich immer umstellen, bevor ich Hope ins Führgeschirr nahm. Bei Hope reichten leise Kommandos und sanfte Korrekturen. Erfolgte eine Einwirkung mal etwas zu stark oder ein Kommando zu laut, dann musste man sie mittels motivierender Stimmlage wieder aufbauen und so aus ihrem Tief herausholen, bevor man weiter arbeiten konnte. Als Hope die Ausbildung nach sechs Monaten mit Erfolg beendet hatte sollte die Einschulung mit ihrer sehbehinderten Besitzerin erfolgen.

Es war eine junge Mutter mit einer zehnjährigen Tochter. Die Tochter war von der Entscheidung einen Hund in die Familie aufzunehmen nicht begeistert, da sie bisher ihre Mutter führen durfte. In der Einschulung wurde das ganz deutlich. Die Tochter drängte sich immer wieder zwischen die Mutter und Hope. Schließlich stellte sich die Tochter krank und die Mutter entschloss sich, Hope bereits nach sieben Tagen wieder zu uns zurück zu bringen. Hope verstand die Welt nicht mehr. Sie hatte nach dieser kurzen Zeit bereits eine sehr enge Bindung zu der Frau aufgebaut und war total verwirrt, als sie zu uns zurückkam.

Da unsere Ausbildungshunde im Zwinger leben wurde auch Hope wieder dort einquartiert. Ich brachte sie also in ihren Zwinger in dem sie auch während der Ausbildung gelebt hatte und ließ sie erst einmal in Ruhe. Als ich eine Stunde später mal nach ihr sehen wollte und zur Zwingeranlage ging, stockte mir der Atem. Ich sah Hope, die versuchte sich unter der Eingangstür zur Zwingeranlage durchzuquetschen. Sie blieb natürlich stecken und schrie jämmerlich.

Ich befreite sie sofort und brachte sie erst einmal ins Haus, damit sie zur Ruhe kommen konnte. Wie Hope es geschafft hatte aus ihrem verschlossenen Zwinger rauszukommen bleibt mir bis heute ein großes Rätsel, da ich weiß, dass die Zwingertür zu war. Um diese Tür aufzubekommen, muss man den Hebel zuerst nach oben und gleichzeitig nach links drücken. Wie groß muss die Verzweiflung eines Hundes sein, wenn er diese Aufgabe meistert, um rauszukommen? Ich werde nie den Anblick von Hope unter der Zwingertür vergessen und wie sie mich dabei anschaute. Erst in diesem Moment habe ich verstanden, was für ein großer Schock dieser nochmalige Besitzerwechsel in Hope ausgelöst hatte. Hope hatte nicht verstanden, warum sie ihr neues zu Hause wieder hatte verlassen müssen und ertrug es in dieser Situation auch nicht alleine zu sein, was vor diesem Ereignis und danach kein Problem war. Nachdem Hope sich beruhigt hatte und wir ihr einen Labrador als Verstärkung in ihren Zwinger brachten, ging es ihr schon etwas besser. Sie brauchte aber zwei Monate um das Ereignis zu verarbeiten und wir einen Neustart mit einem anderen sehbehinderten Besitzer wagen konnten. Dieser wusste von der Vorgeschichte von Hope und entschied sich mit ganzem Herzen für sie. Die Beiden sind noch heute ein tolles Team und ich freue mich immer wieder, wenn ich sie bei ihrer gemeinsamen Arbeit bestaunen kann.

Sally – Der Hund mit dem Knickohr

Sally, eine dunkelgraue Schäferhündin, kam mit eineinhalb Jahren vom Züchter zu uns. Wir hatten Sally nur wegen ihres Knickohrs bekommen, denn aufgrund dieses kleinen Schönheitsfehlers hatte sich bisher noch niemand für sie interessiert. Uns war dieser Schönheitsfehler egal, für uns zählten das Wesen und die Gesundheit des Hundes. Sally brachte beides mit, sie war gesund und zeigte sich im Wesenstest freundlich und aufgeschlossen. Sally war in vielen Verhaltensweisen ein außergewöhnlicher Schäferhund. Bisher hatte ich die Erfahrung gemacht, dass Schäferhündinnen immer etwas problematisch mit anderen Hunden waren. Schäferhunde neigen allgemein zum Mobben und haben häufiger mal ein Problem mit anderen Hündinnen. Das führt dann oftmals zu an sich harmlosen Balgereien, wird aber von den anderen Hundebesitzern als ernste Auseinandersetzung angesehen, was für den Besitzer des Schäferhundes dann auf Dauer einfach anstrengend sein kann. Darüber hinaus bringen Schäferhunde oft mehr Jagdinteresse mit, als für die Arbeit als Blindenführhund gut ist. Sally hatte nur die guten Eigenschaften des Schäferhundes. Sie war sehr gelehrig, ordnete sich gerne unter, zeigte kein übersteigertes Jagdinteresse und war freundlich gegenüber anderen Hunden. Sie war der ideale Schäferhund zum Ausbilden. Es machte sehr viel Freude ihre Fortschritte zu sehen und ihre Entwicklung war sensationell. Sie führte mit viel Engagement und freute sich jedes Mal, wenn sie wieder etwas Neues lernen konnte. Das selbstständige Arbeiten lag ihr und sie zeigte im Umgehen von Hindernissen und Baustellen ihre ganze Kreativität: War ein Gehweg durch eine Baustelle versperrt, dann schaute sie sich zuerst die Situation an und suchte danach den sichersten Weg um die Baustelle herum. Wenn die Baustelle sehr lang war, zeigte Sally vor Beginn der Baustelle den Bordstein an und führte dann auf die andere Straßenseite. So ersparte sie der Blinden den gefährlicheren Weg auf der Straße an der Baustelle entlang.

Nach der Einschulung mit ihrer sehbehinderten Besitzerin in Frankfurt am Main und der bestandenen Gespannprüfung waren sie nun täglich in der Großstadt unterwegs. Sally meisterte ihre Führarbeit in der Stadt mit viel Gelassenheit. In ihrer Freizeit tobte sie im Park mit anderen Hunden und es kam dabei nie zu einer ernsthaften Rauferei. Wenn ihr ein Hund aggressiv begegnete, wendete sie sich ab und lies ihn einfach stehen. Außerdem war es erstaunlich, dass die Sehbehinderte Sally auf einer Mittelinsel in Frankfurt frei laufen lassen konnte, obwohl rechts und links auf jeweils drei Fahrspuren der Verkehr vorbei donnerte. Sally entfernte sich nie weit weg von ihrer Besitzerin und blieb vor jeder Straßenüberquerung stehen, auch wenn sie frei lief. Dass ein Blindenführhund durch die Ausbildung den Verkehr mit mehr Umsicht wahrnimmt, mag ja noch sein, aber dass ein Hund deshalb auch im Freilauf vor der Straßenüberquerung stehen bleibt, ist schon sehr außergewöhnlich. Ich habe in den fast zehn Jahren, in denen ich Blindenführhunde ausbilde, nie wieder so eine faszinierende und souveräne Schäferhündin erlebt!

Cando – Ein treuer Weggefährte

Als wir Cando vom Züchter abholten war er ein acht Wochen alter brauner Labradorrüde. Er war unser erster brauner Labrador. Wir gaben Cando in eine Patenfamilie, in der er sein erstes Lebensjahr verbrachte. Cando wuchs zu einem selbstbewussten, jungen Rüden heran. Nachdem wir ihn wieder bei der Patenfamilie abgeholt hatten wurde er erst einmal gesundheitlich untersucht. Unsere Tierklinik bestätigte die Tauglichkeit zum Blindenführhund und endlich konnte seine Ausbildung beginnen. Da Cando sehr schnell lernte, konnte er diese nach sechs Monaten mit der Abschlussprüfung beenden. Zu diesem Zeitpunkt stand auch schon sein zukünftiger Besitzer fest.

Michael war sehbehindert und brauchte einen Blindenführhund. Nach dem Kennenlernen von Cando, stand dieser als Führhund für ihn fest. Die Chemie zwischen den beiden stimmte von Anfang an. Bei der anschließenden Einarbeitung, die Zusammenführung von Hund und zukünftigem Halter, zeigte sich schnell, dass hier ein gutes Team entstehen wird. Nach einer Eingewöhnungsphase von vier Wochen waren Michael und Cando ein gutes Gespann. Gemeinsam bewältigten sie täglich die Wege zum Einkaufen, zum Bäcker, in die Stadt und viele andere.

Nach einem Jahr wurde Michael krank und die Diagnose war niederschmetternd – Krebs! Michael glaubte an seine Genesung und lief weiter mit Cando. Dieser hatte sofort gemerkt, dass Michael krank war. Er lief von sich aus langsamer und spielte auch nicht mehr so stürmisch wie zu Beginn. Als die Krankheit immer schlimmer wurde, verbrachte Cando die ganze Zeit an Michael's Bett. Dieser raffte sich nur Cando zuliebe auf und ging täglich weiter spazieren und wenn sein Zustand das nicht zuließ, ging seine Frau mit Cando. Dann erledigte Cando ganz schnell sein Geschäft und drehte sofort wieder nach Hause um, um sich wieder an Michael's Bett zu legen. Leider verschlimmerte sich der Zustand täglich und Michael konnte sein Bett nicht mehr verlassen. Cando musste zu seinen Spaziergängen fast gezwungen werden. Michael baute immer mehr ab und sein junger temperamentvoller Cando lag nur noch ganz still und leise neben seinem Bett und wollte gar nicht mehr weg von ihm. Besonders die letzten Tage vor Michael's Tod war Cando nur noch mit Zwang zum Spaziergang zu überreden.

Als er dann starb lag Cando neben seinem Bett. Die Familie war nicht auf Michael's Tod vorbereitet und völlig hilflos. Seine Frau war nach seinem Tod emotional nicht in der Lage, sich um Cando zu kümmern und statt uns zu informieren, wurde die Krankenkasse benachrichtigt. Diese entschied, den Hund von einer ortsansässigen Blindenführhundschule abholen zu lassen, die ihn dann überprüfen und nachschulen sollte, damit er nochmals als Blindenführhund eingesetzt werden konnte. Diese Entscheidung traf die Krankenkasse natürlich aus Kostengründen, denn Cando war zu diesem Zeitpunkt erst zweieinhalb Jahre alt. Dass Cando, der gerade seinen Besitzer verloren hatte, aus dem Haushalt herausgerissen wurde und zu für ihn fremden Leuten kam, die weder ihn, noch seine Vorgeschichte kannten, war für diesen Hund nicht einfach zu verkraften. Aber dank seines Labrador-Gemüts überstand er es und wurde an einen siebzigjährigen sehbehinderten Mann abgegeben. Die dortige Eingewöhnung fiel Cando auch sehr schwer und wenn sich das neue Herrchen nicht an uns gewandt hätte, wüssten wir gar nicht wie es ihm geht. Cando`s neuer Besitzer war sehr froh, dass er diesen Führhund bekommen hatte und meinte, dass er sich mittlerweile auch gut eingelebt habe.

Leider ist auch sein zweites Herrchen nach fünf Jahren verstorben, aber die Familie des sehbehinderten Mannes hat dafür gekämpft, dass Cando mit nunmehr acht Jahren nicht noch einmal sein zu Hause wechseln musste, sondern bei seiner Familie bis zum Lebensende bleiben konnte. Ein verdienter Ruhestand für einen treuen Weggefährten!

Umba – Die Überlegene

Es war ein sonniger Tag als wir Besuch von Freunden mit ihren Hunden bekamen. Als die Hunde zusammen in unserem Garten liefen, konnten wir ein unglaubliches Schauspiel beobachten. Ein großer Schäferhundrüde hatte die ganze Zeit einen Ball herumgetragen und unsere schwarze Labradorhündin Umba liebt nichts mehr als Bälle. Da sie diesen Ball unbedingt bekommen wollte, jedoch wusste, dass sie körperlich keine Chance gegen diesen großen Rüden hatte, kam sie mit einer raffinierten List an ihr Ziel: Sie schlich lange um den Rüden herum und gab sich uninteressiert. Das interessierte dann wiederum den Rüden und Umba wartete den richtigen Zeitpunkt ab, bis der Rüde seine volle Aufmerksamkeit, trotz des Balles in seinem Maul, ihr widmete. Sie lief exakt in diesem Moment an ihm vorbei, blieb vor seiner Nase stehen und pinkelte dann, in aller Seelenruhe, genau vor seine Nase hin. Sofort ließ der Rüde den Ball fallen und untersuchte ausgiebig den Urin von Umba. Auf diesen Moment hatte sie gewartet, sie schnappte sich blitzschnell den Ball und stolzierte, stolz wie Oskar, mit dem Ball davon!

Dass ein Hund so raffiniert sein kann, zeigte uns Umba mehr als einmal mit ihrem Verhalten. Als wir sie als zweijährige Hündin übernommen hatten und noch nicht so gut kannten, bewies sie uns schnell ihre Raffinesse. Sie wusste zum Beispiel, dass sie immer ihren Ball bekommen würde, wenn sie ihr Geschäft im Wald erledigt hatte. Umba entwickelte daraufhin eine Strategie. Wenn ich sie in den Wald schickte um ihr Geschäft zu machen, setzte sie sich auch sofort hin, so als würde sie pieseln. Dabei hatte sie exakt denselben angestrengten Gesichtsausdruck, den sie auch sonst dabei zeigte und kam danach freudig angerannt, um ihren Ball zu bekommen. Hatte sie ihren Ball dann im Maul, ging sie erst mal in den Wald um genüsslich, nun wirklich, zu pinkeln. Sie hatte nämlich vorher nur so getan als ob. So ein schlauer Hund! Ich musste herzhaft darüber lachen, aber achtete natürlich ab diesem Zeitpunkt darauf, dass Umba immer tatsächlich pieselte bevor sie den Ball bekam. Manchmal bedeutete das, dass ich Umba drei bis viermal losschicken musste, bis sie ihr Geschäft erledigte. Ich liebe Hunde, die gewitzt und clever sind.

Noch eine Anekdote: Als wir Umba bekamen, zeigte sie ein gewisses Jagdinteresse. Da wir immer mit unserem ganzen Rudel, welches aus zwei weiteren Labradoren und einer Schäferhündin besteht, spazieren gehen, konnte Umba uns immer wieder von ihrer Gewitztheit überzeugen. Wir waren mal wieder mit allen vier Hunden unterwegs, als Umba`s Körperhaltung verriet, dass irgendetwas Jagdbares im Wald zu sein schien. Die anderen Hunde nahmen ihre Anzeichen ebenfalls wahr und als Umba mit Vollgas in den Wald rannte, rasten ihr die anderen drei Hunde hinterher. Als Umba ein paar Meter im Wald war, drehte sie schnell wieder um, kehrte zu uns zurück und wollte mit uns spielen oder bettelte nach einem Leckerchen. Dass Umba die anderen Hunde nur von uns weglocken wollte, realisierten wir erst, als sie das Verhalten mehrmals zeigte, obwohl gar kein Wild im Wald war und die anderen kurz nach Umba auch wieder herumgedreht waren. Die einzige die heute noch auf diese Masche reinfällt, ist unsere Schäferhündin. Die lässt sich auch mit ihren neun Jahren immer noch begeistert zum Hetzen einladen, auch wenn es nichts zu hetzen gibt!

Alonso – Er fordert blindes Vertrauen

Als ich mit Alonso, einem sehr feinfühligen Golden Retriever Rüden, die Einschulung begann ahnte ich noch nichts von dem, was uns erwarten würde. Alonso sollte von nun an einen jungen sehbehinderten Mann namens Jens führen, der zuvor noch nie einen Hund hatte. Das sollte aber kein Problem darstellen, denn Jens liebte Hunde und wollte schon immer einen eigenen haben.

Die erste Woche der Einschulung fand am Ort der Blindenführhundschule statt. Die Beiden verstanden sich auf Anhieb und jede Übung gelang beim ersten Mal. Eigentlich ist das nicht der Regelfall, dass zu Beginn alles sofort gelingt, denn ein neues Gespann muss sich ja erst noch aufeinander einstellen. Eigentlich, denn bei den Beiden war alles anders. Es lief so gut, dass man dachte, die Beiden wären schon viel länger zusammen als diese erste Woche. Alonso und Jens schienen auf einer Wellenlänge zu sein und dies zeigte sich auch in der harmonischen Zusammenarbeit.

Als wir an dem vorletzten Tag der Woche im Training waren hatten wir eine unangenehme Begegnung: Wir liefen gerade an der Hauptstraße entlang und auf einmal hörte ich einen von hinten heranstürmenden Hund, der augenscheinlich keine freundliche Begrüßung im Sinn hatte. Bevor der Hund Alonso erreichte, drehte ich mich um und versuchte ihn aufzuhalten. Ich packte ihm ins Fell, drehte ihn in die Richtung von der aus er gekommen war und schickte ihn in einem unmissverständlichen Tonfall nach Hause. Der Hund gab auf und rannte in die Richtung zurück aus der er gekommen war. Alonso und Jens hatten natürlich alles mitbekommen und Alonso hatte sich auch direkt herumgedreht und war wie angewurzelt stehen geblieben. Nach einer kurzen Atempause folgten wir weiter dem Weg, aber wir merkten, dass Alonso diese Begegnung noch im Kopf hatte, denn er drehte sich fortwährend um. Er wollte anscheinend sicher gehen, dass der Hund nicht noch einmal zurückkam. Trotz dieses Vorfalls hatte es, bis auf das gelegentliche Umschauen von Alonso, keine Auswirkung auf die weitere Zusammenarbeit der Beiden. Darüber war ich sehr froh, denn das Vertrauen der Beiden war noch im Aufbau begriffen.

Die zweite Woche fand dann am Wohnort des Sehbehinderten statt. Dort stellte Alonso Jens auf die Probe. Am ersten Tag suchten wir uns den Weg zum Spaziergang heraus. Da wir uns den Weg zuerst einmal anschauen wollten, nahmen wir Alonso bloß an der Leine mit. Den Rückweg wollten wir dann im Führgeschirr machen. Der Weg zum Park war sehr lang und kompliziert. Wir mussten einige Hauptverkehrsstraßen und auch etliche Seitenstraßen überqueren, bis wir endlich den Spazierweg erreichten. In der Großstadt ist es manchmal so, dass die Wege zum Spaziergang etwas länger sind und ein Führhundhalter sich sogar zuerst dort hinführen lassen muss, damit der Hund sein Geschäft erledigen kann. Dass es noch einen viel besseren und weit näheren Park gab, der für einen Spaziergang perfekt war, dazu später. Wir stellten uns also der Aufgabe und wollten den Rückweg nun in aller Ruhe mit dem Führgeschirr zurücklegen. Am Anfang lief auch alles sehr gut und ich freute mich schon, dass ich wohl eine sehr einfache und leichte Einschulung vor mir haben würde. Aber zu früh gefreut! Es sollte meine anspruchsvollste Einschulung werden, die ich je gemacht habe! Wir liefen also den Weg zurück und überquerten einige Seiten- und eine Hauptverkehrsstraße bis wir an eine Ampelkreuzung kamen, wo die Ampeln keine Druckknöpfe hatten. Alonso erkannte die Ampel aufgrund des fehlenden Druckknopfes nicht als solche und zeigte sie nicht an. Wir machten eine Einzelübung daraus und bestätigten ihn, nachdem er die Ampel korrekt angezeigt hatte. Wir wiederholten die Übung nochmal und Alonso hatte nun verstanden, worum es ging und zeigte die Ampel, auf das entsprechende Hörzeichen hin, sofort an. Diese kleine Schwierigkeit war auch nicht dramatisch. Also ging es weiter zur Überquerung einer anderen Seitenstraße und dann noch zur letzten Seitenstraße und wir kamen am Haus des Sehbehinderten an. Dieser Führgang war für den ersten Trainingstag sehr lang gewesen und daher machten wir eine Pause und gingen zum Abschluss nochmal einige Fragen aus dem vorangegangenen Theorieteil durch.

Am zweiten Trainingstag begann die Testreihe von Alonso. Wir wollten wieder den gleichen Weg zum Spazierweg machen und Alonso sollte heute von Beginn an im Führgeschirr laufen. Ich würde den Beiden natürlich noch dahingehend helfen, dass ich Jens sagen würde, wo er am besten mit seinem Hund die Straße überqueren könnte und wie weit er beispielsweise noch von der nächsten Ampel entfernt war. Wir liefen die Straße entlang und kamen an die erste Überquerung. Diese Straße musste Alonso gerade überqueren, um den gegenüberliegenden Bordstein zu erreichen. Für einen Führhund eigentlich keine schwierige Aufgabe, denn solche Überquerungen stehen täglich mehrmals auf dem Trainingsplan. Am Bordstein stehend gab Jens das Kommando zum überqueren und Alonso lief kreuz und quer auf der Fahrbahn herum und machte keine Anstalten, den gegenüberliegenden Bordstein aufzusuchen. Gut, das kann auch mal passieren, wenn ein Führhund abgelenkt ist, aber wenn der Führhundhalter dies merkt, muss sofort eine Korrektur des Hundes erfolgen, damit dieser das Hörzeichen auch ernst nimmt und ihn zum Bordstein führt. Da Jens noch keine Erfahrung mit Korrekturen sammeln konnte, da Alonso in der ersten Woche alles richtig gemacht hatte, dachte ich noch: „Gut, wiederholen wir es nochmal und dann geht's weiter!" Denkste! Auch der zweite, dritte, vierte, fünfte... Versuch scheiterte daran, dass Alonso jetzt zwar den Bordstein ansteuerte, aber ohne stehen zu bleiben einfach weiter lief. Es war zum Mäuse melken und dazu hatten wir auch mittlerweile eine ansehnliche Gruppe von Passanten um uns versammelt, die sich unsere Übung anschauten. Nach einer geschlagenen halben Stunde inklusive einer kurzen Pause, um Jens wieder aufzubauen und seinem Hund eine Denkpause zu gönnen, waren wir endlich an der anderen Seite angekommen und Alonso hatte den Bordstein korrekt angezeigt. Wir setzten unseren Weg fort und auch Alonso seine Geduldsprobe für uns.

Wir kamen an der nächsten Kreuzung an und Alonso kannte keine Ampel mehr. Es sah wirklich so aus, als wäre der Führhund über Nacht dement geworden und hätte die gesamte Ausbildung vergessen. Ich musste meine gesamte Motivationsgabe einsetzen, um Jens dazu zu kriegen, weiter zu machen und nicht aufzugeben. Wir meisterten auch diese Prüfung nach einer gewissen Zeit und ich musste einsehen, dass wir den Weg heute nicht mehr zu Ende gehen konnten, zumindest nicht im Führgeschirr, denn sonst hätten wir noch Stunden gebraucht. Also wies ich Jens an, Alonso auf dem Weg eine Bank anzeigen zu lassen. Alonso befolgte die Anweisung sofort und wir beendeten dort das Training und zogen ihm das Führgeschirr aus. Diese gelungene Abschlussübung war für Alonso sehr wichtig, da man eine

Trainingseinheit immer mit einer gelungenen Übung beenden sollte. Auf dem Rückweg nach Hause lag glücklicherweise noch eine Wiese, auf der Alonso dann sein Geschäft erledigen konnte. Zu Hause angekommen waren wir alle ziemlich geschafft und in meinem Hirn liefen die Drähte nur so heiß. Was war mit Alonso los? Was war sein Problem? In Bad König hatte alles so perfekt geklappt, obwohl Jens dort die fremde Umgebung hatte und sich nicht auskannte? Aber das war vielleicht auch der Schlüssel zum Rätsel. Mir war beim letzten Führgang mit den Beiden aufgefallen, dass Jens seinen Kopf beim Laufen ziemlich schräg hielt und ich wusste nicht, ob das was mit Alonso's Verhalten zu tun hatte und fragte ihn. Er sagte darauf, dass er so auch immer mit dem Blindenstock gelaufen war, um mit dem vorhandenen Sehrest des rechten Auges den Weg einfangen zu können. Mir war damit klar, dass Alonso damit ein Problem hatte, dass Jens seine Führarbeit kontrollierte, ihm also nicht ganz vertraute. In Bad König hatte Jens sich ganz auf Alonso verlassen müssen, da er wusste, dass sich der Hund dort besser auskannte als er. Aber am Wohnort kannte er sich besser aus und versuchte Alonso durch seinen Sehrest zu kontrollieren. Ich wusste, dass Alonso nur wieder richtig mitarbeiten würde, wenn Jens ihm wieder mehr Vertrauen schenken würde, was angesichts des letzten Trainingstages natürlich schwerfiel. Wir befanden uns sozusagen in einem Teufelskreislauf von gegenseitigem Vertrauensverlust und den mussten wir irgendwie durchbrechen. Wir beendeten den Trainingstag mit einem kurzen Spaziergang und entdeckten dabei den kleinen Park, der sich in der Nähe des Wohnhauses befand. Ich fragte Jens, warum er denn nicht in diesen Park zum Spazieren gehen würde? Er dachte, dass dieser Park zu klein sei, aber das war er nicht. Alonso konnte hier frei laufen und er lag nur zehn Minuten vom Wohnhaus entfernt. Wir vereinbarten, uns diesen Weg auch noch vorzunehmen.

Am nächsten Tag wollten wir allerdings noch einmal den schwierigen Weg zum größeren Park machen. Wir gingen los und ich bat Jens Alonso mehr Vertrauen entgegen zu bringen, aber bereits an der ersten Straßenüberquerung begannen wieder dieselben Probleme wie am Vortag. Wir brauchten wieder einige Zeit um weiter zu kommen, aber an der nächsten großen Straßenkreuzung, wo es die Ampel ohne Knopf gab, passierte es: Alonso zeigte weder die Ampel noch den Bordstein an und schien wieder alles vergessen zu haben. Ich sah nur noch eine

Möglichkeit die Situation sofort nachhaltig zu verändern und stoppte die Beiden. Da ich wusste, dass die Freundin des Sehbehinderten diesen sehr häufig führte und er ein sehr vertrauensvolles Verhältnis zu ihr hatte, machte ich folgenden Versuch. Ich sagte ihm, er solle versuchen an das Gefühl zu denken, wenn seine Freundin ihn führen würde und mit diesem Gefühl mit Alonso laufen. Ich hoffte, dass der Versuch gelang. Er schickte Alonso zur Ampel und dieser zeigte sie sofort freudig an, danach den Bordstein und auch den gegenüberliegenden. Es war unglaublich, aber es funktionierte! Alonso machte ab diesem Zeitpunkt alles für seinen Besitzer und dieser war so überglücklich, dass er seinen Kontrollblick vergaß. Alonso lief jetzt zur Hochform auf und lief den Weg ohne Fehler. Am Park angekommen durfte er frei laufen und genoss es. Danach initiierte Jens noch ein wildes Spiel mit seinem Hund und beide wirkten wie befreit. Am Ende dieses erfolgreichen Trainingstages hoffte ich nur, dass dieser Erfolg auch anhalten würde. Und so war es dann auch. Der Knoten war geplatzt und Jens lief mit Alonso wieder so sicher, wie zuvor in Bad König. Wir waren alle überglücklich. Es gelang jetzt wirklich alles. Wir trainierten die Wege zur Universität und mussten dabei nicht nur mit der Straßenbahn fahren, sondern auch einige Baustellen umgehen und Umwege suchen.

Nach Beendigung der dritten Einschulungswoche ließ ich die Beiden alleine, um nach zwei weiteren Wochen zur Gespannprüfung zurück zu kehren. Die Gespannprüfung lief problemlos, denn aus Jens und Alonso war ein unschlagbares Team geworden!

Toni – Ausbildung mit Hindernissen

Dieser wunderschöne, schwarze Labradorrüde wurde im Jahr 2002 bei uns geboren. Mit acht Wochen gaben wir ihn an eine Patenfamilie die ihn mit viel Liebe und Sachverstand auf seine zukünftige Arbeit als Blindenführhund vorbereitete. Nachdem Toni die Gesundheitsprüfung bestanden hatte, wurde er zum Blindenführhund ausgebildet. Toni war ein sensibler und sehr leichtführiger Rüde, der durch seinen Charme und seine Liebe zu Menschen überzeugte.

Nach der Hälfte der Ausbildung stand die Kastration von Toni an. Da sich durch eine Kastration auch der Hormonhaushalt des Hundes ändert und damit auch sein Verhalten, wird eine Kastration immer in der Mitte der Ausbildung vorgenommen. Damit stellen wir sicher, dass wir eine eventuelle Verhaltensänderung bemerken und darauf reagieren können. Zunächst verlief bei Toni alles planmäßig. Aber einige Wochen nach der Kastration veränderte er sich. Es begann mit kleinen Unsicherheiten bei der Führarbeit. Ich ging wie jeden Tag mit Toni zum Training in die Stadt. Ich legte ihm das Führgeschirr an und ließ mich von ihm durch die Stadt führen. Dabei fiel mir auf, dass Toni unsicherer war als zuvor. In bestimmten Situationen, wie zum Beispiel wenn ein LKW nah an uns vorbei fuhr, zuckte er kurz zusammen, was er vor der Kastration nie getan hatte. Ich setzte meinen Trainingsweg fort und kam schließlich am Bahnhof an, wo gerade ein Zug einfuhr. Als Toni den einfahrenden Zug hörte, war es vorbei. Er wollte sofort weg vom Bahnhof, weg vom Zug. Er zeigte starke Stressanzeichen und Fluchtverhalten. Ich war schockiert! So hatte ich meinen Ausbildungshund noch nie zuvor gesehen. Ich blieb am Bahnhof, bis Toni sich wieder einigermaßen beruhigt hatte. Da ich die Trainingseinheit mit einem Erfolgserlebnis für Toni beenden wollte, lies ich mir noch eine Bank von ihm anzeigen. Da dies seine liebste Übung war, steuerte er zielsicher die nächste Bank an und wurde ausgiebig von mir gelobt. Dann zog ich ihm das Führgeschirr aus und ging an der Leine mit ihm zurück nach Hause. Dort angekommen überlegte ich, wie ich Toni bei der Überwindung seines Problems helfen konnte und suchte Rat im Internet. Hierbei fand ich eine sehr interessante Homepage einer Homöopathin. Sie beschrieb einige Problemfälle ihrer Praxis und ich sah Parallelen zu Toni. Ich rief unsere Tierärztin an und besprach Toni's

Problem mit ihr. Glücklicherweise hatte sich ihre Kollegin eingehend mit der Homöopathie beschäftigt und war sehr interessiert an unserem Fall. So füllte ich einen umfangreichen Fragebogen über Toni aus, woraufhin die Tierärztin das passende homöopathische Mittel ermitteln konnte. Ich war sehr gespannt, ob es helfen würde. Sie sagte mir, dass ich Toni das Mittel vor dem Training ins Maul geben sollte. Das tat ich dann auch und wir liefen direkt zum Bahnhof und ich wusste, dass in fünf Minuten ein Zug einfahren würde. Ich war sehr gespannt und beobachtete Toni genau. Sicherheitshalber hatte ich ihn nur an der Leine und nicht im Führgeschirr, damit er eine eventuelle negative Reaktion nicht mit seiner Arbeit verbinden würde. Wir betraten den Bahnhof und Toni war locker, er zeigte keinerlei Anzeichen von Stress oder Nervosität. Das war schon ein guter Anfang. Nun wurde es nochmal spannend, wenn der Zug einfahren würde. Als der Zug dann kam, stand Toni, der bis dahin gelegen hatte, auf und schaute in Richtung des einfahrenden Zuges. Je näher der Zug kam, desto mehr nahm seine Anspannung zu. Er tippelte auf der Stelle, zeigte aber kein Fluchtverhalten mehr. Als der Zug hielt schaute Toni sich die ein- und aussteigenden Menschen an und nachdem der Zug abgefahren war, verließen auch wir den Bahnhof.

Ich berichtete der Tierärztin den Erfolg und sie bat mich, die Dosis des Mittels beizubehalten, bis Toni überhaupt nicht mehr reagierte und auch ein unbeschwertes Zug fahren wieder möglich war. Ich trainierte Tag für Tag den Gang zum Bahnhof und konnte nach vier Tagen das Führgeschirr wieder anlegen und damit zum Bahnhof gehen. Toni wirkte wie ausgewechselt. Er verhielt sich jetzt wieder wie vor der Kastration. Nun stand noch einmal die Zugfahrt an. Ich ging an diesem Tag im Führgeschirr zum Bahnhof, zog es dort aber aus und ließ Toni sich hinlegen. Als der Zug einfuhr und Toni immer noch lag, hatte ich große Hoffnung, dass auch die Zugfahrt für Ihn kein Problem mehr darstellen würde. Der Zug hielt und ich ging mit Toni Richtung Einstieg. Er zögerte nur unmerklich und stieg dann mit mir ein. Ich ging mit ihm zu einem Sitzplatz und er legte sich sofort hin. Die Fahrt über war Toni ruhig und entspannt - mir fiel ein Stein vom Herzen! Auch die anschließende Rückfahrt war gar kein Problem, er stieg ohne zu zögern ein und legte sich während der Fahrt ruhig hin.

In den nächsten Trainingstagen konnte ich langsam wieder das Stadt Training mit dem Bahnhof und dem Zug fahren verbinden und das homöopathische Mittel wieder absetzen. Ich war positiv überrascht und auch die Tierärztin hatte mit so einem schnellen Erfolg nicht gerechnet. Sie nutzte diesen Therapieerfolg für ihre wissenschaftliche Arbeit und veröffentlichte das Ergebnis in einer Fachzeitschrift. Sie wollte damit erreichen, dass auch anderen Hunden geholfen werden konnte.

Toni konnte seine Ausbildung als Blindenführhund weiterführen und nach einer siebenmonatigen Ausbildung mit der Abschlussprüfung abschließen. Wenn das Verhalten sich nicht geändert hätte, hätten wir Toni aus der Blindenführhundausbildung heraus nehmen müssen. Das wäre für uns alle katastrophal gewesen, denn der blinde Mann, für den Toni vorgesehen war, kannte ihn schon und freute sich bereits auf die Zusammenarbeit mit ihm. Wir waren alle sehr erleichtert, dass Toni seine Arbeit als Blindenführhund bei seinem neuen Besitzer aufnehmen konnte. Bis zum heutigen Tag sind die Beiden ein gutes Gespann und haben Freude daran miteinander zu arbeiten und zu leben.

Paula – unterrichtet

Als ich Paula kennen lernte war sie neun Wochen alt. Eine schwarze Labradorhündin, die noch bei ihrer Züchterin lebte. Ich nahm Paula mit, denn ich sollte sie großziehen und als Therapiehund für eine Grundschule ausbilden. Paula war ein typischer Labradorwelpe mit viel Energie, einer ausgeprägten Neugier und einem unersättlichen Appetit. Es machte sehr große Freude sie aufzuziehen und einmal in der Woche besuchten wir die Grundschulklasse, in der Paula am Ende ihrer Ausbildung arbeiten sollte.

Wir begannen das Training mit ihr mit einfachen Übungen und sie begriff sehr schnell, dass der Aufenthalt in der Schule mit viel Spaß und Spannung verbunden war. Nach den einzelnen, kurzen Übungen durfte Paula die Streicheleinheiten der Kinder genießen und danach durfte sie sich auf ihrer mitgebrachten Decke ausruhen. So lernte Paula spielerisch alles kennen, sowohl die Schule mit ihren Geräuschen und Menschen, als auch die Arbeit mit den Kindern.

Als sie ein Jahr alt war beherrschte sie bereits alle wichtigen Kommandos für ihre Arbeit und war zudem eine sehr folgsame und angenehme Hündin. Sie konnte auf Kommando mit einem großen Stoffwürfel würfeln und die Kinder sollten dann eine Aufgabe rechnen oder die Zahlen zusammen zählen. Paula konnte Hausaufgaben verteilen, dafür zog sie aus einer Kiste laminierte Aufgabenkarten und brachte jedem Kind eine. Sie beherrschte zehn verschiedene Tricks, die sie auf Hörzeichen, wie auch auf Sichtzeichen, gelernt hatte. Die Tricks waren dazu da, dass die Kinder belohnt wurden, indem sie mit dem Hund etwas vorführen konnten und die Lehrerin durch die Sichtzeichen die Möglichkeit hatte, das Hörzeichen des Kindes zu unterstützen. Die Kinder liebten das und strengten sich besonders an, um einen Trick mit Paula vorführen zu können. Aber am meisten genossen alle die Schmusezeit mit Paula, die immer am Ende einer Schulstunde stattfand und bei der sie gestreichelt werden durfte. Darüber hinaus hatte Paula alle Hörzeichen, die für den Grundgehorsam nötig waren, gelernt. Sie kam auf Zuruf sofort angerannt und dies auch bei großer Ablenkung wie zum Beispiel durch Hunde oder andere Tiere. Sie konnte jeder Zeit auf ihre Decke geschickt werden und blieb dort, bis ein neues Kommando ertönte. Das war eine besonders wichtige Übung für den

Einsatz als Therapiehund, denn falls in der Schulklasse mal ein Notfall eintreten würde, sollte die Hündin sofort zu ihrem Platz gehen und dort bleiben.

Paula war bereits eine begeisterte Schülerin und je älter sie wurde, desto näher kam der Moment, an dem ihre Gesundheitsuntersuchung anstand. Ich hoffte inständig, dass sie alle Voraussetzungen erfüllte. Die Untersuchung fand in der Tierklinik statt und neben dem allgemeinen Gesundheitscheck, wie Blut, Urin und Kreislauf, wurden die Gelenke geröntgt und die Augen untersucht. Paula war kerngesund und ich überglücklich. Die Grundschullehrerin, die Paula nach ihrer Ausbildung erhalten sollte, wurde sofort von mir informiert.

Als Paula eineinhalb Jahre alt war und ihre Ausbildung beendet hatte, erfolgte die Einarbeitung mit der Lehrerin. Wir hatten dafür ein verlängertes Wochenende angesetzt. Schließlich kannten sich die Beiden, durch den wöchentlichen Besuch in der Schule, schon sehr gut. Die Einarbeitung bestand aus mehreren Einheiten Theorie und Praxis, denn die Lehrerin hatte zuvor noch keinen Hund besessen. Die Zusammenarbeit klappte sehr gut und Paula hatte einen guten Draht zu ihrer neuen Besitzerin. Das lag wahrscheinlich auch daran, dass sie vom ersten Tag der Einarbeitung an in dem Hotel der Lehrerin mit übernachtete und reichlich Streicheleinheiten und Zuwendung von ihr bekam. Nach Beendigung der Schulung folgte der schwerste Moment – Paula gehen zu lassen. Ich hatte die Lehrerin in der vergangen Zeit sehr gut kennengelernt und wir waren auf einer Wellenlänge. Trotzdem fiel es mir natürlich schwer Paula herzugeben. Sie war zu einer Persönlichkeit herangewachsen und ich hatte sie so lieb gewonnen, dass der Abschied schmerzte. Was den Abschied allerdings etwas leichter machte, war die Tatsache, dass ich die Beiden noch einige Monate begleiten würde.

Während der nächsten Monate waren die Beiden zu einem sehr guten Team zusammen gewachsen und hatten in ihrer gemeinsamen Arbeit bereits erstaunliche Erfolge erzielt. So hatten sie beispielsweise ein autistisches Kind dazu gebracht zu reden, was es vorher nicht getan hatte. Das kleine Mädchen suchte den Kontakt zu Paula und merkte sehr schnell, dass dies am besten ging, wenn man sie ansprach und so war auch ihr erstes Wort, das sie sprach: Paula! Ich war beeindruckt und gerührt zugleich und merkte, dass Paula und ihre Besitzerin super zusammen passten. Das machte mir den Abschied etwas leichter!

Wir haben heute noch Kontakt und die Lehrerin ist mittlerweile als Referentin für Therapiehunde in Grundschulen gefragt und wird auch ständig gebeten, ihre Erfahrungen weiter zu geben. Ich denke, Paula arbeitet gerne als Therapiehund und die Besitzerin achtet auch sehr darauf, dass sie zwischendurch mal ein oder zwei Stunden frei hat oder am Nachmittag durch lange Spaziergänge und dem Spielen mit anderen Hunden genug Ausgleich findet. Meiner Ansicht nach ist das auch das wichtigste bei Arbeitshunden, dass sie nicht nur arbeiten, sondern auch genug Freizeit haben, damit sie nicht den Spaß daran verlieren. Bei Paula sieht man, dass die Lehrerin dieses Ziel erreicht hat, denn in den doch immerhin sechswöchigen Sommerferien ist es spätestens nach drei Wochen so, dass Paula zu ihrer Arbeitskiste läuft und etwas tun möchte. Dann gibt die Besitzerin ihr ein paar Aufgaben und danach legt sich Paula wieder zufrieden in ihr Körbchen!

Frieda – studiert

Als uns Thea in unserer Blindenführhundschule besuchte, hatte sie sich bereits im Vorfeld sehr gründlich über Blindenführhunde informiert. Thea war eine junge Frau, die gerade mitten im Studium steckte und sich nun für einen Blindenführhund entschieden hatte. Sie erhoffte sich, dass die täglichen Wege zur Uni mit einem Führhund leichter zu bewältigen waren und sie damit mehr Energie für ihr Studium übrig hätte. Thea hatte sehr genaue Vorstellungen davon, wie ihr zukünftiger Blindenführhund sein sollte. Dafür war es am sinnvollsten selbst einen Labrador großzuziehen und ihn auf Theas Bedürfnisse hin auszubilden. Sie wollte lieber länger auf ihren Führhund warten, dafür aber sicher gehen, dass die Sozialisierung und Prägung optimal gelaufen waren. Wir waren damit einverstanden und suchten einen passenden Welpen. Bei einer anerkannten Züchterin fanden wir dann Frieda. Wir holten sie mit neun Wochen ab und gaben sie in eine Patenfamilie, die ganz in unserer Nähe wohnte. Wir besuchten die Familie in regelmäßigen Abständen und überzeugten uns von der guten Entwicklung von Frieda. Nebenbei hatten wir bereits damit begonnen, ihr verschiedene Übungen für ihre spätere Arbeit als Blindenführhund beizubringen. So blieb sie zum Beispiel immer an jedem Bordstein stehen und wartete, bis es weiterging. Außerdem hielt sie an Treppenabsätzen an und im Alter von sechs Monaten wusste sie bereits, wie man eine Sitzgelegenheit anzeigt. Frieda war sehr gelehrig und wollte ihrem Besitzer immer gefallen. Natürlich hatte sie auch einigen Unsinn im Kopf, aber sie war ja auch noch ein junger Hund, der noch viel lernen musste. Sie entwickelte sich prächtig und als sie zwölf Monate alt war, holte ich sie zu uns in die Blindenführhundschule. Nachdem ich wusste, dass sie von ihrem Wesen als Blindenführhund geeignet war, fuhr ich zur Gesundheitsuntersuchung in unsere Tierklinik. Dort wurde Frieda auf den Kopf gestellt. Zu unserer Erleichterung war sie gesund und die Ausbildung konnte so richtig starten. Thea informierte sich regelmäßig über die Fortschritte ihrer Hündin und sieben Monate später war es endlich soweit: Frieda hatte ihre Abschlussprüfung bestanden und konnte in die Einschulung mit Thea gehen. Da Thea mehrmals während der Ausbildung in unserer Schule gewesen war, um Frieda zu besuchen, kannten sich die Beiden schon ein wenig. Da sie jedoch noch mehr auf mich fixiert war, gab ich Thea die Hündin bereits am ersten Abend mit ins Hotel. Sie sollte sich eingehend mit Frieda beschäftigen, denn dadurch würde die Bindung zwischen den Beiden schneller wachsen. Diese Rechnung ging auf, denn Frieda hatte schon nach einer Woche eine vertrauensvolle Bindung zu Thea aufgebaut. Die zweite und dritte Woche trainierten wir dann am Wohnort von Thea. Dort haben wir die Wege zur Universität, in die Stadt, zu verschiedenen Ärzten und zum Einkaufen eingeübt. Der Weg zur Universität war sehr anspruchsvoll und dauerte mit Bus- und Zugfahrt eineinhalb Stunden. Frieda lernte den Weg sehr schnell und nach drei Tagen meisterten die Beiden diesen Weg bereits ohne meine Hilfe. Die Führhündin ging gern mit zur Universität, da sie wusste, dass sie im Hörsaal zuerst ihr Fressen bekam und danach schlafen konnte. Außerdem gab es in der Uni sehr viele nette Menschen, die sie gerne und ausgiebig streichelten.

Einmal hatte Thea eine Vorlesung, die sehr langatmig und nicht so interessant war und genau in diesem Hörsaal fing Frieda während des Schlafs mit ausgeprägtem Schnarchen an.

Dabei erinnerten die Schnarchgeräusche eher an eine grunzende Wildschweinherde als an einen Hund.

Alle Studenten mussten natürlich loslachen und zuerst begriff der Professor gar nicht, warum alle lachten. Als das Lachen abklang, hörte auch er die Schnarchgeräusche von Frieda und musste schmunzeln. Er machte einen Witz darüber und fuhr dann mit seinen Ausführungen fort. Ab diesem Tag waren Thea und Frieda bekannt wie ein ‚bunter Hund', denn dieses Ereignis hatte sich in Windeseile an der Uni herum gesprochen. Thea merkte, dass sie aufgrund von Frieda mehr beachtet und angesprochen wurde als vorher. Durch den Führhund waren die anderen Studenten ihr gegenüber nicht mehr so gehemmt. Sie gingen jetzt offener auf sie zu, weil sie über den Hund Kontakt zu ihr aufnehmen konnten. Frieda war Gesprächsthema Nummer eins. Nach einigen Wochen war das Gespann ein alltägliches Bild und jeder kannte die Beiden.

Auf dem Weg zur Universität hatten wir auch immer wieder erstaunliche Erlebnisse. An einem Tag, als Frieda gerade eine Ampel anzeigen wollte, stoppte Thea ihren Hund glücklicherweise noch rechtzeitig. An der besagten Ampel stand nämlich ein Fahrradfahrer, der einen Hund an der Leine hatte. Das wäre kein Problem gewesen, wenn sich der Hund nicht so aggressiv verhalten hätte. Der Hund fixierte Frieda und knurrte sie an. Zum Glück hatte Thea den Hund rechtzeitig gehört und Frieda vor dem Anzeigen der Ampel gestoppt. Kurz darauf zog der Hund in Richtung Frieda, so dass der Fahrradfahrer sogar umfiel. Trotz des Sturzes hatte er die Leine festgehalten und somit konnte sein Hund nicht bis zu Frieda gelangen. Nachdem der Fahrradfahrer sich wieder aufgerafft hatte, setzte er seinen Weg fort und wir konnten ebenfalls wieder weiter gehen. Neben solchen Erlebnissen hatten wir auch sehr positive Begegnungen mit vielen Menschen, die Frieda's Arbeit anerkennend kommentierten oder Thea viele Fragen über die Arbeit mit ihr stellten. Es gab auch viele vernünftige Hundehalter, die ihren Hund an kurzer Leine an uns vorbeiführten, wenn sie Frieda als Blindenführhund erkannt hatten. Nach einem insgesamt dreiwöchigen Training waren wir am Ende der Einarbeitung und ich ließ Thea ein paar Wochen alleine, um das Gelernte weiter zu festigen.

Danach folgte die Gespannprüfung. Thea war aufgeregt, denn sie wusste nicht, was auf sie zukommen würde. Sie kannte zwar die Gespannprüferin, aber es war schließlich ihre erste Prüfung mit einem Blindenführhund. Wir hatten uns für den Prüfungsweg eigentlich den Weg zur Uni rausgesucht, da dieser Weg alles enthielt, was bei einer Prüfung relevant war. Diese Strecke war der Prüferin aber zu lang und deshalb wollte sie sich selbst einen Weg aussuchen. Da sich Thea sehr gut in der Großstadt auskannte, wo sie wohnte, hatte sie nichts dagegen einzuwenden. Ich war aufgeregter als sie, denn ich wusste nicht, wie die Beiden mit einer völlig fremden Strecke zurechtkommen würden.

Zu Beginn der Prüfung unternahmen wir einen kurzen Spaziergang, damit Frieda ihr ‚Geschäft' erledigen und die Prüferin sie im Freilauf beurteilen konnte. Frieda lief im Wald umher und genoss ihren Freilauf sichtlich. Als sie ungefähr zehn Meter von uns weg war, ließ die Prüferin einen aufgeblasenen Luftballon platzen. Frieda schaute sich kurz um und lief dann weiter. Dieser Schrecktest sollte zeigen, ob Frieda auf laute Geräusche panisch oder ängstlich reagieren würde. Anschließend bat die Prüferin Thea ihren Hund heranzurufen und Frieda kam sofort und setzte sich an ihre linke Seite. Danach durfte sie noch einmal frei laufen. Wir folgten dem Weg und da sah ich einen anderen Hund entgegenkommen. Ich war sehr gespannt, wie Frieda reagieren würde. In der Ausbildung hatten wir ihr beigebracht, dass wenn ein anderer Hund auf dem Weg läuft, Frieda zuerst einmal zurück zu Thea laufen sollte und wenn diese ihr Einverständnis gab, Frieda Kontakt zu dem Hund aufnehmen durfte. Frieda erblickte ebenfalls den Hund und man sah ihr an, dass sie kurz überlegte, ob sie nicht sofort hinrennen sollte. Sie war schließlich einige Meter von Thea entfernt. Frieda drehte dann aber doch um, lief zu Thea und ohne dass diese etwas sagte, lief Frieda solange bei Fuß, bis der andere Hund vorbei war und sie von Thea wieder das Freizeichen zum Laufen erhielt. Nach dieser Situation war ich fest davon überzeugt, dass die Beiden jede Aufgabe der Prüferin meistern würden. Nach dem Spaziergang liefen wir zur Bushaltestelle und nahmen den Bus in die Stadt. Dort angekommen, musste Thea eine sehr belebte Seitenstraße überqueren. Als sie am Bordstein wartete, um den Verkehr zu erlauschen, hielt ein PKW an und wollte, dass sie die Straße überquerte. Da sie die Lichthupe, die der Fahrer des PKWs gab, nicht sehen konnte, blieb sie natürlich stehen. Der Fahrer gab noch nicht auf, denn jetzt hupte und winkte er. Die Prüferin reagierte nicht. Nach geschlagenen fünf Minuten sah es der PKW Fahrer dann doch ein und fuhr weiter. Als Thea hörte, dass kein PKW mehr in der Nähe war, gab sie Frieda das Kommando zum Überqueren und Frieda befolgte den Befehl. Der Weg führte weiter in die Stadt und dort in ein fremdes Kaufhaus. Obwohl die Beiden noch nie hier gewesen waren, fanden sie zielsicher den Eingang und durchquerten das Kaufhaus bis zur Rolltreppe. Dort angekommen zeigte Frieda, dass sie die Rolltreppe verweigerte und stattdessen die normale Treppe aufsuchte. Danach führte sie zum nächsten Ausgang und es ging zurück in die Fußgängerzone. Frieda führte sicher durch die Menschenmenge und an vorbeikommenden Hunden vorbei. Nachdem wir noch verschiedene Geschäfte, einen Briefkasten, einen Automaten und einige Sitzgelegenheiten aufgesucht hatten führte uns der Weg in ein Café. Die Prüferin wollte in diesem Café die Abschlussbesprechung halten. Nachdem Frieda für Thea einen Sitzplatz ausgesucht hatte und wir mit Getränken versorgt waren, gratulierte die Prüferin Thea zur bestandenen Gespannprüfung. Die Prüferin freute sich besonders über die Leistung der Beiden, da es ihre erste Gespannprüfung war, die sie beurteilte und sie hatte gehofft, dass es eine gute Prüfung werden würde. Nach einigen Anmerkungen zur Prüfungsleistung verabschiedete sich die Prüferin und ließ uns alleine. Thea war überglücklich und ich platzte fast vor Stolz. Die Beiden hatten eine sehr gute Leistung abgeliefert und eine schöne Zusammenarbeit gezeigt, die von gegenseitigem Vertrauen geprägt war. Es war eine Freude das mitzuerleben und daran teilzuhaben!

Annie – Ein Unfall mit Folgen

Zu Annie kamen wir durch einen Zufall. An einem Morgen rief eine Frau mittleren Alters bei uns an und bat uns um Rat. Sie hätte eine einjährige Labradorhündin, die sie aufgrund einer beruflichen Veränderung nun aber abgeben musste und fragte uns, ob wir eine geeignete Familie kennen würden. Wir erfuhren alles über die Labradorhündin und da wir nach den Informationen, die wir bei diesem Gespräch erhielten, davon ausgehen konnten, dass Annie vielleicht als Blindenführhund tauglich wäre, machten wir den Vorschlag, uns die Hündin anzusehen.

Die Frau vereinbarte einen persönlichen Besuchstermin in unserer Blindenführhundschule, um sich vor Ort ein Bild von uns zu machen. Nachdem wir Annie kennen gelernt und getestet hatten, ob sie auch wirklich für die Ausbildung zum Blindenführhund geeignet war, war die Besitzerin damit einverstanden, uns ihre Hündin anzuvertrauen. Annie hatte viel Spaß an den ganzen Aufgaben, die sie nun neu lernte und sie wurde von Tag zu Tag selbstbewusster.

Als eines Tages ein neuer Kunde, der erblindete Ralph, zu uns kam und wir ihm Annie vorstellten, war sofort eine Sympathie zwischen den Beiden erkennbar. Ralph hatte eine schwierige Lebensgeschichte zu meistern. Er hatte vor zwei Jahren seine damalige Ehefrau durch ein Krebsleiden verloren. Kurze Zeit später folgte der nächste Schicksalsschlag. Ralph bekam einen Schlaganfall, der ihn nicht nur fast das Leben kostete, sondern neben einer vollständigen Erblindung auch seine Motorik und das Sprachzentrum beeinträchtigt hatte. Darüber hinaus war Ralph noch Vater eines achtjährigen Kindes. Da er vor dem Schlaganfall selbständig tätig war, stand auch seine gesamte finanzielle Absicherung in Frage. Doch mit Hilfe einer engagierten Freundin konnte nicht nur die soziale Absicherung geregelt werden, sondern auch die Beantragung und Genehmigung eines Blindenführhundes. Der Hund sollte Ralph in erster Linie wieder mehr Selbständigkeit zurückgeben, aber auch dabei helfen, die Familie in sich wieder zu stabilisieren. Diese Stabilisierung war dringend nötig, da sich Ralph, seit dem Verlust seiner Ehefrau und seit seinem Schlaganfall, völlig in sich zurück gezogen und den Kontakt zu seiner Tochter abgebrochen hatte, die übergangsweise in einer Pflegefamilie betreut wurde.

Bereits bei der ersten gemeinsamen Begegnung mit Annie, merkte man, wie sich Ralph etwas öffnete und sich mit seiner Tochter auf den neuen Blindenführhund freuen konnte. Das Verhältnis zwischen Vater und Tochter wurde, aufgrund der regelmäßigen und gemeinsamen Besuche ihres angehenden Blindenführhundes, immer besser.

Die Einschulung von Annie gestaltete sich anfangs sehr schwierig. Ralph hatte große Probleme, sich Annie's Führung anzuvertrauen, da er es als ehemals Selbständiger gewohnt war, jede Verantwortung alleine zu tragen. Nach einer Einarbeitungszeit von sechs Wochen war das Team aber soweit, seine Wege alleine zu bewältigen.

Im Dezember desselben Jahres ereignete sich dann aber ein tragischer Unfall. Ralph war wie jeden Morgen sehr früh mit seinem Blindenführhund im Wald spazieren. Trotz Kennzeichnung von Annie, durch eine reflektierende Kenndecke und des von Ralph mitgeführten Blindenstocks, wurden Beide von einem Rennradfahrer erfasst und verletzt. Zuerst erwischte es die vorauslaufende Annie und danach Ralph. Annie rannte im Schock nach Hause und Ralph blieb verletzt im Wald liegen. Der Fahrradfahrer fuhr erst einmal weiter ohne sich um die Beiden zu kümmern. Ralph rief verzweifelt nach seinem Hund, der jedoch verschwunden blieb. Nach einer längeren Zeit, als Ralph immer noch verletzt im Wald lag, kam die Polizei zur Hilfe. Mittlerweile hatte sich der Unfallverursacher bei der Polizei gemeldet, den Unfallhergang geschildert und war in deren Begleitung an den Unfallort zurückgekehrt. Die Polizeibeamten wollten Ralph nach Hause bringen, dieser wollte aber erst einmal seinen Blindenführhund suchen. Nach einer längeren erfolglosen Suche im Wald, wurde Ralph nach Hause gebracht. Glücklicherweise war Annie nach Hause gerannt und dort durch einen Nachbarn ins Haus gelassen worden und saß nun vor der Wohnungstür. Nach einer ärztlichen Versorgung von Ralph, der eine Platzwunde am Kopf und einige Schürfwunden an den Knien davongetragen hatte, erfolgte die tierärztliche Versorgung des Hundes. Annie hatte an der Pfote eine tiefe Fleischwunde und einige Blutergüsse am Körper.

Die Verletzungen waren behandelt worden, aber was viel schlimmer war, war der Schock des Unfalls, der erst einmal verdaut werden musste. Dies stellte sich für beide als sehr schwierig heraus. In den direkt auf den Unfall folgenden Tagen waren Ralph und Annie bei den morgendlichen Spaziergängen sehr ängstlich und unsicher und beim Herannahen eines Fahrrades reagierten beide panisch. Dagegen musste etwas unternommen werden. Eine sofort eingeleitete Nachschulung stabilisierte das Team und stellte das Vertrauen zu den eigenen Stärken langsam wieder her. Die Spaziergänge und auch die Führgänge konnten wieder weitgehend stress- und angstfrei stattfinden. Einige Wochen später passierte die nächste Katastrophe. Ralph, der täglich in einer Behindertenwerkstatt seiner Arbeit nachging, fiel seit einigen Tagen eine Wesensveränderung an seinem Hund auf, die er sich nicht erklären konnte. Annie bellte und knurrte zunehmend häufiger, wenn männliche Personen Ralph's Werkstatt betraten. Außerdem reagierte sie gestresst auf die Stimmen einiger Behinderter in der Werkstatt. Da auch dem Werkstattleiter das Verhalten des Hundes zunehmend unangenehm auffiel, versuchte Ralph eine Erklärung für die Verhaltensänderung seines Hundes zu finden. Zuerst schob er es auf die Spätfolgen des Fahrradunfalls, dann aber kam ihm der Zufall zur Hilfe und er bekam ein Gespräch zwischen zwei behinderten Arbeitskollegen mit. Der eine prahlte damit, dass er immer in der Mittagspause, wenn Ralph nicht in der Werkstatt war, dessen Hund mal so richtig ärgern konnte. Annie befand sich während der Mittagspause in einer Hundebox und konnte so den Attacken der behinderten Arbeitskollegen nicht entgehen oder sich wehren. Ralph war darüber so sehr geschockt, dass er nicht wusste, was er machen oder wie er darauf reagieren sollte. Als er zu Hause war, erzählte er seiner Freundin von dem Gespräch zwischen den Arbeitskollegen und diese konnte sich nun auch die Verhaltensänderung des Hundes, nicht nur auf der Arbeitsstelle, sondern auch zu Hause erklären. Sie rief sofort in unserer Blindenführhundschule an und vereinbarte einen Gesprächstermin. Nach einem ersten Test des Hundes in Ralph's Wohnung und einem ausführlichen Gespräch mit ihm, wurde beschlossen, den Rat einer tierärztlichen Verhaltensspezialistin einzuholen. Diese Spezialistin begutachtete Annie in verschiedenen Situationen und kam danach zum Ergebnis, dass Annie ihre Arbeit als Blindenführhund nicht weiter ausüben konnte. Aufgrund der vorangegangenen Vorfälle, dem Fahrradunfall und den Quälereien in der Hundebox, zeigte Annie eine gesteigerte Aggressivität gegenüber fremden Menschen und Fahrradfahrern. Für Ralph war das eine absolute Katastrophe, waren sie doch gerade als Team zusammen gewachsen. Annie wurde von unserer Blindenführhundschule übernommen und nach einigen Monaten Therapie, in eine private Familie vermittelt. Diese Familie kannte Annie's Vorgeschichte und setzte die begonnene Verhaltenstherapie fort. Sie machte gute Fortschritte, hatte aber trotzdem, aufgrund der Ereignisse, eine Narbe davon getragen. Ralph stand somit wieder ohne Blindenführhund da.

Da die Krankenkasse von Ralph einsehen musste, dass er einen neuen Blindenführhund benötigte, erteilte sie sofort eine Zusage. Wir hatten parallel bereits mit der Suche nach einer geeigneten Hündin begonnen. Bei der Auswahl des Hundes wurde Ralph gleich zu Beginn mit eingebunden. So fand die Fahrt zu einem entsprechenden Züchter mit Ralph statt. Bei der Begutachtung der entsprechenden Hündin zeigte sich sofort eine gegenseitige Sympathie. Diese zweieinhalb jährige Hündin hatte, auch aufgrund ihres Alters, eine unglaubliche Gelassenheit und Ruhe. Sie war perfekt geeignet für Ralph und so nahmen wir sie mit in unsere Blindenführhundschule. Die notwendigen Gesundheitsuntersuchungen hatte sie bereits hinter sich und so konnte die Ausbildung sofort beginnen. Nach einer sechsmonatigen Ausbildung erfolgte die Abschlussprüfung, die sie mit gutem Ergebnis bestand. Nun konnten wir die Einarbeitung starten. Nach einer sechswöchigen Einarbeitung wurde leider deutlich, dass der Blinde kein Vertrauen zu dem neuen Führhund aufbauen konnte. Er vertraute sich nicht der Führung seiner neuen Hündin an und das führte natürlich dazu, dass diese auch kein Vertrauen zu dem Blinden aufbauen konnte. Es war ein Teufelskreislauf. Ralph wünschte sich so sehr seine Annie zurück und gab der neuen Hündin damit keine Chance. Sie konnte ihm nichts recht machen. Dies merkte die Führhündin natürlich und demensprechend schwierig gestaltete sich die Zusammenarbeit. Ralph beschloss, schweren Herzens, seine neue Führhündin wieder zurück zu geben, da er sich selbst nicht mehr öffnen konnte und die Verletzungen, durch den Verlust des vorherigen Hundes, durch den neuen nicht behoben werden konnte. Diese Entscheidung war für die ganze Familie von Ralph, insbesondere für dessen Tochter, ein herber Rückschlag. Da die Tochter aber auch gemerkt hatte, dass ihr Vater und der neue Blindenführhund unter der Situation litten, konnte sie mit der Entscheidung ihres Vaters letztendlich gut umgehen.

Amigo – Der ICE

Als Amigo in unserer Blindenführhundschule geboren wurde konnte natürlich noch keiner ahnen, dass er wirklich ein Blindenführhund werden würde. Amigo hatte noch sieben Geschwister, zwei Rüden und fünf Hündinnen. Er war von Beginn an der coolste Rüde des ganzen Wurfes. Mit sieben Wochen überlegten wir dann langsam, wohin die Welpen kommen sollten. Wir hatten bereits fünf Patenfamilien ausgesucht, die sich um die Aufzucht der Welpen kümmern sollten. Amigo sollte allerdings als Familienhund in eine ehemalige Patenfamilie abgegeben werden. Diese Patenfamilie hatte bereits fünf Welpen für uns aufgezogen und vier davon waren als Blindenführhund erfolgreich ausgebildet worden. Jetzt wollte diese Patenfamilie endlich einen eigenen Welpen und zwar unbedingt von meiner kanadischen Zuchthündin Kiwi.

Als die Welpen gerade ein Jahr alt waren - man konnte natürlich nicht mehr von Welpen reden - bekamen wir einen Anruf von der Familie, in der Amigo lebte. Sie machte uns ein unglaubliches Angebot. In dem Jahr, in dem sie Amigo großgezogen hatten, hatten sie auch sein Potenzial erkannt. Amigo war ein sehr lern- und arbeitsfreudiger Hund, der leicht zu führen war. Die Familie merkte sehr bald, dass Amigo mit dem Familienleben unterfordert war und sie wollten nicht, dass so ein toller Hund ohne Arbeit bleibt. Da sie selbst nicht genug Zeit für eine intensivere Beschäftigung mit Amigo hatten, boten sie uns schweren Herzens den Rüden als Blindenführhund an. Als sie uns Amigo brachten war ich sofort von dem mittlerweile ausgewachsenen Rüden begeistert. Nach einem tränenreichen Abschied der Familie ließ ich Amigo eine Woche Zeit zur Eingewöhnung und fing dann mit der Ausbildung an.

Amigo war der ideale Arbeitshund, er hatte Spaß an jeder neuen Übung und war mit seiner ganzen Aufmerksamkeit dabei. Jetzt musste er nur noch die Gesundheitsuntersuchung bestehen. Ich war diesmal besonders aufgeregt, als wir zur Tierklinik fuhren. Nach der Untersuchung stand seine gesundheitliche Eignung fest und ich war überglücklich. Ich informierte sofort seine ehemalige Familie und sie freuten sich mit mir über das gute Ergebnis. Die Ausbildung von Amigo machte sehr viel Spaß und mit seinem Charme und seiner Freundlichkeit eroberte er schnell alle Menschen um sich herum.

Als feststand, dass Amigo zu Hanna, einer blinden Frau sollte, wurde das Training noch einmal speziell auf die Bedürfnisse von Hanna abgestimmt. Hanna ist eine sehr erfolgreiche Frau, die einen guten Job hat und oft in verschiedenen Großstädten unterwegs ist. Somit musste Amigo ein intensiveres Training in unterschiedlichen Großstädten absolvieren. Dieses Training umfasste natürlich auch alle Verkehrsmittel, die in einer Großstadt üblich sind, wie beispielsweise S- und U-Bahn, sowie Bus und Zug. Es schien, als wäre Amigo geradezu perfekt für solch eine Aufgabe, denn er hatte Nerven wie Drahtseile. Egal ob ein ICE einfuhr während er nah am Bahnsteig lag oder ob uns Menschenmassen entgegenliefen, Amigo meisterte alle Situationen mit einer Gelassenheit, die mich faszinierte.

Als wir die Einschulung mit Hanna begannen, stellte sich eine ganz andere Frage, denn sie wohnte mit ihrer Familie und dem vorherigen Blindenführhund, sowie einer Katze zusammen. Nun mussten wir erst einmal sehen, wie Amigo diese Mitbewohner aufnahm. Hanna setzte sich vom ersten Tag der Einschulung bei Amigo durch und so war nach der ersten Woche bereits ersichtlich, dass Amigo und sie ein gutes Team werden würden. Als wir dann am Wohnort von Hanna auf die Mitbewohner trafen, war Amigo erst einmal sehr überrascht. Die in Rente befindliche Führhündin war sofort ins Herz geschlossen, aber die Katze fand Amigo zu Beginn nicht so passend. Nachdem Hanna ihm aber klar gemacht hatte, dass auch die Katze zur Familie gehörte, akzeptierte er auch diese.

Durch das tägliche Training und die Zusammenarbeit festigte sich auch die Bindung zu Hanna und Amigo durfte seinen Freilauf mit anderen Hunden genießen. Bei den Führgängen zeigte er immer wieder seine Großstadttauglichkeit, denn jeden Tag erlebten wir Neues in den ICE Zügen und auch in der Stadt. Amigo war schnell der Liebling der Schaffner geworden und Hanna brachte ihm von Anfang an noch weitere Hörzeichen bei, die sie benötigte. Sie ließ sich verschiedene Nahziele anzeigen, die sie jeden Tag anzulaufen hatte und war von Amigos Auffassungsgabe begeistert. Nachdem die Einschulung beendet war, ließ ich die Beiden guten Gewissens alleine. Sie waren ein gutes Team geworden und meisterten die täglichen Herausforderungen mit viel Gelassenheit. Nach mehreren Wochen schaute ich noch einmal vorbei, um Hanna noch einige Tipps zum Rückruf von Amigo zu geben. Dieser musste nur wieder an das Gelernte erinnert und richtig bestätigt werden und kam dann auch sofort auf Zuruf zurück. Ich war und bin sehr stolz auf die Beiden, denn Amigo und Hanna arbeiten gut zusammen und Hanna gönnt Amigo auch den nötigen Ausgleich im Spiel mit anderen Hunden. Ich bin unserer Patenfamilie heute noch sehr dankbar, dass sie mir diesen prachtvollen Rüden zur Ausbildung als Blindenführhund überlassen haben und kann sehr gut nachvollziehen, wie schwer ihr damals der Abschied von ihm gefallen ist!

Carlos – Mein bester Freund

Obwohl Carlos ein blonder Labradorrüde ist, denken viele Menschen an einen Bullmastiff, wenn sie ihn sehen, denn Carlos hat einen massiven Schädel und einen starken Knochenbau und wirkt damit viel größer und breiter als ein gewöhnlicher Labrador.

Aber wenn man ihn näher kennen lernt, stellt man die labradortypischen Eigenschaften fest. Er ist zu jedem Menschen freundlich und zeichnet sich durch sein gutes Sozialverhalten gegenüber anderen Hunden aus. Er hat einen starken Charakter und den labradortypischen 'Dickschädel', was bei ihm auch äußerlich zutrifft. Darüber hinaus würde er für ein gutes Fressen fast alles tun, der Kreativität sind keine Grenzen gesetzt.

Nun kam die Frage, zu welchem Sehbehinderten Carlos am besten passen würde. Wir entschieden uns für Holger, einen Sehbehinderten mittleren Alters, der mit beiden Beinen fest im Leben stand. Holger lebte mit seiner sehenden Ehefrau und zwei gemeinsamen Kindern zusammen, die sich schon alle auf das neue Familienmitglied freuten. Er hatte einen verantwortungsvollen Job und engagierte sich nebenbei noch für verschiedene Selbsthilfegruppen.

Das erste Treffen zwischen Holger und Carlos verlief überraschend. Wir besuchten Holger auf seiner Arbeitsstelle. Als wir zu ihm ins Büro kamen, lief Carlos direkt zu Holger hin, um ihn zu begrüßen. Nachdem er einige Streicheleinheiten bekommen hatte, lief er im Büro umher und beschnüffelte alles. Als er an der im Zimmer stehenden Palme angelangt war, schnüffelte er ebenfalls ausgiebig daran und hob schnell das Bein, um sie zu markieren. Wir waren so ins Gespräch vertieft, dass wir es zu spät bemerkten und somit eine Zurechtweisung keinen Sinn mehr machte. Holger fand diesen Einstand eher lustig und sah es als Hinweis darauf, dass der Hund wohl schon sein neues Revier markierte. Uns war dieser Einstand sehr unangenehm. Holger hatte aber wirklich kein Problem damit und wollte Carlos gern als Blindenführhund haben.

Nach Beendigung der Ausbildung von Carlos stand die Einschulung vor der Tür. Zwei Tage vor Beginn der Einschulung hatte es angefangen zu schneien und wir hatten gemeinsam überlegt, ob wir den Termin deswegen verschieben sollten. Wir entschieden uns dagegen, da Holger extra Urlaub genommen hatte und davon überzeugt war, dass der

Schnee kein Problem darstellen würde. Er sollte Recht behalten, denn die Einschulung verlief sehr gut und die Beiden spielten sich langsam aufeinander ein.

Am vierten Tag der Einschulung wollten wir mit dem Zug in die nächste Stadt fahren und einen Führgang unternehmen. Bei diesem Führgang musste Holger sich seinem Führhund voll und ganz anvertrauen, denn aufgrund des Schnees konnte er seinen vorhandenen Sehrest nicht nutzen. Die Gehwege und Straßen waren komplett zugeschneit und bildeten somit eine einheitlich weiße Fläche. Das Vertrauen von Holger in Carlos wurde dann auch belohnt, denn Carlos zeigte sein ganzes Können. Er führte sehr umsichtig und zeigte alle Hindernisse und Bordsteine an. Holger war nach diesem Führgang von den Fähigkeiten seines Führhundes vollends überzeugt.

Die zweite Woche der Einschulung fand dann am Wohnort von Holger statt. Am ersten Tag weigerte sich Carlos die Ampeln anzuzeigen. Es war eine Machtprobe zwischen ihm und Holger. Wir zeigten Holger die Möglichkeiten, wie er seinen Hund korrigieren konnte und mit viel Geduld und Konsequenz überzeugte er Carlos davon, wieder jede Ampel richtig anzuzeigen. Nachdem Holger diesen Machtkampf für sich entschieden hatte, führte Carlos wie aus dem Lehrbuch. Es funktionierte einfach alles. Egal wo wir hingingen und welche Aufgaben zu lösen waren, die Beiden lösten sie gemeinsam und kamen an jedem Ziel an. Es war eine Freude ihnen zuzusehen. Man merkte, dass die Beiden sehr gut zusammen passten und super harmonierten. Natürlich versuchte Carlos immer wieder mal seinen ‚Dickschädel' durchzusetzen, aber Holger blieb stets konsequent und geduldig.

Kurz nach der Einschulung fuhr Holger mit Carlos in den Urlaub ans Meer. Er ging am ersten Abend mit Carlos zum Strand und genoss diese neu gewonnene Unabhängigkeit. Als er eine Stunde gelaufen war, wollte er zurück zum Hotel. Er fragte sich, ob Carlos sich den Weg gemerkt hatte und nahm ihn ins Führgeschirr. Holger gab ihm den Befehl, ihn nach Hause zu führen. Dieser Befehl bedeutet für einen Führhund, dorthin zurück zu gehen, von wo er gekommen ist. Carlos führte voran und Holger hatte das Gefühl, dass Carlos genau wusste, wo er hinzulaufen hatte. Nach einer dreiviertel Stunde kamen die Beiden dann tatsächlich wieder vor dem Hotel an. Holger war restlos begeistert und lobte seinen Hund ausgiebig.

Die Beiden haben in den zurück liegenden Jahren ihrer Zusammenarbeit viel erlebt. Einmal waren sie auf dem Weg zur Arbeitsstelle und mussten dafür den Hauptbahnhof durchqueren. Im Hauptbahnhof stoppte Carlos auf einmal und stellte sich quer vor Holger. Holger konnte sich nicht erklären, warum Carlos gestoppt hatte und holte seinen Blindenstock aus der Tasche, um nachzusehen was da war. Er tastete hinter Carlos und sein Stock traf ins Leere. Carlos hatte ihn vor einem Bauloch geschützt, das ohne Absperrung auf seinem Weg lag. Holger war geschockt! Hätte er Carlos nicht dabei gehabt und wäre in seinem normalen Tempo mit dem Blindenstock dort lang gelaufen, hätte er das Loch zu spät bemerkt und wäre hinabgestürzt. Nachdem er sich wieder gesammelt hatte, ließ er sich von Carlos zur Bahnhofsinformation führen und berichtete dort den Mitarbeitern von seinem Erlebnis. Diese sorgten sofort dafür, dass die Baustelle abgesichert wurde und bedankten sich überschwänglich bei ihm.

Dieses Erlebnis hat unter anderem dazu geführt, dass Holger sich emotional immer mehr an seinen Hund gebunden hat. Holger hätte zuvor nie geglaubt, dass er jemals so an einem Hund hängen würde. Das es aber so war, wurde ihm an einem Tag besonders bewusst: An diesem Tag ging es Carlos morgens nicht gut. Er jammerte im Liegen und konnte nicht aufstehen. Holger trug ihn ins Auto und seine Frau fuhr sie in die Tierklinik. Als Holger seinen Hund so leiden sah und so eine große Angst um ihn hatte, wurde ihm bewusst, was ihm Carlos bedeutete. Carlos war nicht nur ein Hund für ihn, sondern ein treuer Begleiter, der ihn jeden Tag sicher durch die Großstadt führte und auf ihn achtete. Natürlich dankte Holger seinem Hund die Arbeit mit ausgelassenem Spiel und viel Freilauf. Aber in diesem Moment, wo Carlos jammernd auf dem Behandlungstisch in der Tierklinik lag wurde ihm klar, dass er irgendwann Abschied von ihm nehmen musste. Er war aber nicht bereit, dass jetzt schon zu tun. Die Ärzte konnten ihn nach einer umfangreichen Untersuchung beruhigen, denn Carlos hatte nichts Lebensbedrohliches. Er hatte sich einen Nerv im Rückgrat eingeklemmt, was sehr schmerzhaft war. Carlos bekam einige Spritzen und

Medikamente und konnte danach schon wieder selbst zum Auto laufen. Holger war total erleichtert.

Wenn wir heute über dieses Erlebnis reden, wird Holger immer sehr still und nachdenklich. Er sagt auch immer wieder, dass wenn er gewusst hätte, wie sehr er an seinem Hund hängen würde, er nicht wüsste, ob er sich nochmal für einen Blindenführhund entschieden hätte. Er will nicht daran denken, dass Carlos mal nicht mehr sein wird. Er hätte nie geglaubt, dass man zu einem Hund so eine enge Bindung aufbauen kann, die mit nichts vergleichbar ist. Ich glaube, dass es daran liegt, dass sich die Beiden jeden Tag aufs Neue aufeinander verlassen müssen und auch merken, dass sie jede Situation meistern, die ihnen auf ihrem Weg begegnet. Sollte sich Holger nach Carlos für einen neuen Blindenführhund entscheiden wird es sicherlich nicht leicht werden.

Ich hoffe nur, dass die Beiden noch viel Zeit miteinander haben werden!

Nando – Ein Riesenschnauzer als Schutzengel

Vor einigen Jahren erzählte uns Claus, ein Sehbehinderter, seine unglaubliche Geschichte. Es war an einem sonnigen Tag, als Claus in den frühen Morgenstunden sein Wohnhaus verließ, um wie gewohnt mit seinem Führhund Nando zu seiner Arbeitsstelle zu laufen. Der sechs Kilometer lange Weg führte durch die gesamte Stadt und auf dieser Strecke waren viele Straßenüberquerungen zu meistern. Nachdem sie einen Großteil der Strecke ungehindert zurückgelegt hatten, folgte eine schwierige Straßenüberquerung. Diese Straße war durch eine Mittelinsel geteilt und ohne Ampel oder Zebrastreifen zu bewältigen. Da die beiden

die Strecke gut kannten, überquerten sie die erste Hälfte der Straße und standen auf der Mittelinsel. Claus lauschte wie immer auf den herannahenden Verkehr und als er kein Geräusch mehr vernahm, befahl er Nando, die Straße zu überqueren. Sein Riesenschnauzer verweigerte den Befehl. Da Claus immer noch kein Geräusch hörte, dachte er, dass ihn Nando testen wollte und wiederholte das Kommando in einem strengeren Ton. Anstatt loszugehen legte sich Nando auf den Boden. Claus wollte bereits mit seinem Hund schimpfen, als eine Passantin in der Nähe schrie: „Bleiben Sie sofort stehen, da rollt ein LKW rückwärts die Straße runter!". Claus hörte daraufhin auch den heran rollenden LKW und bedankte sich überschwänglich bei der Passantin und seinem Blindenführhund.

Der Fahrer hatte vergessen beim LKW die Handbremse zu ziehen und so hatte sich dieser, auf der abschüssigen Straße, rückwärts rollend in Bewegung gesetzt. Nun wusste Claus, dass er Nando vertrauen konnte und seine Entscheidungen nicht mehr in Frage stellen würde.

Bruno – Missbrauch eines Hundes

Vor einigen Jahren suchten wir einen Golden Retriever Rüden, der sich zur Ausbildung als Blindenführhund eignete. Nach monatelanger Suche fanden wir Bruno, einen anderthalbjährigen Golden Retriever Rüden. Bruno lebte in einer Familie und da diese keine Zeit mehr für ihn hatte, sollte er abgegeben werden. Wir lernten ihn als sehr freundlichen Hund kennen, einen typischen Vertreter seiner Rasse. Als Bruno zu uns kam war er noch unerzogen. Er hatte keine Ahnung von Sitz und Platz und auch nicht davon, dass er zurückkommen sollte, wenn man ihn rief. Somit kam Bruno zunächst einmal an die Schleppleine. Die Schleppleine diente als Begrenzung und damit konnte Bruno den Befehl zum Herankommen nicht mehr ignorieren, sondern musste ihn immer befolgen. Bei den bisher ausgebildeten Führhunden reichten meist vier bis acht Wochen und danach konnte man die Schleppleine entfernen und der Hund kam auf Zuruf zurück. Nicht so bei Bruno! Bei allen Übungen hinsichtlich Unterordnung wie Sitz, Platz und Herankommen stellte er sich dumm wie ein Esel. Er war dann begriffsstutzig und stur. Bei ihm zahlte sich dann aus, dass meine Geduld nie zu Ende war. Mit der gleichen täglichen Konsequenz begriff er nach sage und schreibe acht Monaten, dass er immer sofort zurückkommen musste, egal bei welcher Ablenkung. Diese Lektion hat uns beide viele Nerven gekostet, aber es hat sich gelohnt. Andererseits zeigte Bruno sich in der Führarbeit und beim Anzeigen von Nahzielen als gelehriger Schüler und wurde am Ende ein sehr guter Blindenführhund. Er machte zwar immer noch seine Späße, aber während der Führarbeit war er immer hochkonzentriert und wenn man ihn im Freilauf rief, kam er freudig angerannt.

Als nun die Einarbeitung mit ihm anstand, ahnte ich noch nicht, dass diese Schulung mein Weltbild erschüttern würde. Die erste Woche fand wie gewohnt in unserer Führhundschule statt. Bereits in dieser Zeit merkte ich, dass Bruno zwar alle Kommandos des blinden Besitzers ausführte, aber in einem sehr langsamen Tempo. Im Training war Bruno einer meiner schnellsten Führhunde gewesen und daher schob ich das langsame Tempo darauf, dass er seinen blinden Besitzer erst noch besser kennenlernen musste und danach sein gewohntes Tempo laufen würde. Die Trainingseinheiten gingen gut voran, aber die Bindung zwischen den Beiden war noch nicht so gewachsen, wie ich es mir gewünscht hätte.

Die zweite und dritte Woche der Einschulung fanden am Wohnort des blinden Besitzers statt. Dort lernte Bruno auch seinen Vorgänger Emil kennen, der nun seine Rente bei dem Blinden verlebte. Ich hoffte, dass Bruno durch den Wohnortswechsel noch mehr Bindung zu seinem neuen Besitzer aufbauen würde. Die Führarbeit klappte schon gut, ich musste den blinden Besitzer allerdings sehr häufig daran erinnern, dass er seinen Hund auch mal loben musste und nicht nur meckern, wenn irgendetwas nicht sofort klappte. Der Blinde hatte mit seinem Vorgängerhund Emil natürlich seine Routine entwickelt, die er Bruno auch sofort abverlangte. Bruno musste aber erst einmal alle Wege neu kennenlernen und diese Geduld musste der blinde Besitzer aufbringen. Genau das fiel ihm aber sehr schwer und ich musste ihn täglich daran erinnern.

Nach Beendigung der Einschulung ließ ich die Beiden alleine. Die Führarbeit klappte mittlerweile sehr gut, aber die Bindung war immer noch nicht optimal und der blinde Besitzer forderte sehr viel von seinem Hund, ohne ihn jemals dafür zu loben. Ich wollte mir das Team dann nochmals nach einiger Zeit anschauen.

Ich besuchte die Beiden nach zwei Monaten und stellte fest, dass Bruno an Gewicht verloren hatte, was ungewöhnlich für einen Golden Retriever ist. Der Blinde schob dies auf die Futterumstellung, die er vorgenommen hatte. Er fütterte nun eine Billig-Futter, weil ihm die andere zu teuer war. Ich bat ihn, mehr davon zu füttern, damit Bruno nicht noch mehr an Gewicht verlieren würde. Die Zusammenarbeit der Beiden hatte sich nicht verändert und ich machte den Blinden nochmals eindringlich darauf aufmerksam, dass er Bruno mehr loben musste, da er ansonsten seine Lust am Arbeiten verlieren würde. Er erwiderte, dass sein alter Führhund Emil das auch nicht gebraucht hatte. Ich sagte ihm, dass jeder Hund aber anders sei und Bruno häufig Bestätigung bräuchte. Er wollte einfach nicht verstehen was ich meinte. Dass die Bindung zwischen den Beiden noch nicht gut war, zeigte sich besonders im Freilauf. Bruno rannte sehr weit weg von seinem Besitzer und kam erst zurück, wenn er alles gesehen und erschnüffelt hatte. Da sich der Blinde nicht darum scherte, sondern seinen Weg fortführte, ohne auf seinen Hund zu achten, rief ich Bruno kurz zu mir. Er drehte sofort um und rannte stürmisch auf mich zu. Das war natürlich die Bestätigung für mich, dass in der Beziehung der Beiden etwas überhaupt nicht stimmte. Ich schlug dem blinden Besitzer vor, Bruno in der nächsten Zeit nur an der langen Leine laufen zu lassen, damit er noch weiter am Gehorsam arbeiten konnte. Ich zeigte ihm noch einmal, wie die praktische Übung aussehen sollte und dass er den Hund, wenn er sofort kam, auch loben oder kurz mit ihm spielen sollte. Er versuchte die Übung umzusetzen, man merkte aber sofort, dass er es total albern fand und dass er das Lob, welches er Bruno gab, nicht ehrlich meinte. Genau dasselbe spürte natürlich auch Bruno und deshalb folgte er nicht so, wie er es gelernt hatte. Ich musste also weiter dran bleiben.

Da ich in den nächsten Monaten selbst zwei Einschulungen durchzuführen hatte, schickte ich eine Mitarbeiterin zu dem blinden Besitzer. Als diese zurückkehrte, konnte sie mir leider immer noch keine Besserung berichten, im Gegenteil, der Blinde hielt sich nicht an meine Übungsanleitungen. Er ließ Bruno frei laufen und kümmerte sich nicht darum, wo er war. Wenn er zurückgehen wollte, drehte er einfach um und ging nach Hause. Dieses Verhalten hatte bereits einmal dazu geführt, dass Bruno erst eine halbe Stunde nach seinem Besitzer zu Hause ankam und vor der Haustür an einer befahrenen Straße saß. Ich war entsetzt! Ich rief den blinden Besitzer persönlich an, um ihm nochmals die Notwendigkeit der Übung zu erklären und er meinte, dass es wohl am Hund liegen würde und nicht an ihm. Nach einem langen Gespräch wollte er dann doch versuchen die Übungen durchzuführen.

Einige Wochen danach rief er bei uns an und sagte, es würde alles gut klappen und die Bindung wäre jetzt auch besser. Ich wollte das nur zu gerne glauben – ein Zweifel blieb.

Nach meiner letzten Einarbeitung meldete sich auf einmal ein Verwandter des Blinden bei unserer Mitarbeiterin und was er ihr erzählte erschütterte unser Weltbild. Der Verwandte erzählte uns, dass wir unbedingt sofort unseren Hund da raus holen müssten, da er mitbekommen hatte, dass der Blinde dem Hund Gewalt antue. Sie fragte nach, was der blinde Besitzer denn tun würde und dann stockte der Anrufer und erzählte ihr mit zitternder Stimme, dass der Blinde einem seiner Hunde einmal wöchentlich eine Beruhigungstablette geben und

ihn dann mit in den Keller nehmen würde. „Und was passiert im Keller?",
fragte sie, nichts Gutes ahnend, nach.

„Er benutzt den Hund als Liebhaberin."

Die Mitarbeiterin musste würgen. Es war unfassbar, was sie gerade
erfahren hatte. Sie ließ sich die Telefonnummer des Anrufers geben und
fragte vorher noch mal nach, warum er seinen Verwandten verraten
hatte und da sagte er: „Ich habe auch einen Hund und so einem muss
man das Handwerk legen!" Gleichzeitig gab er ihr zu verstehen, dass er
jedoch nicht als Zeuge zur Verfügung stehen würde.

Sie bedankte sich trotzdem und rief uns an, um uns das Unfassbare zu
erzählen. Wir mussten sofort handeln und nachdem wir ebenfalls noch
einmal mit dem Verwandten gesprochen hatten, informierten wir die
Krankenkasse des blinden Mannes. Dies war notwendig, da ein
Blindenführhund Eigentum der Krankenkasse ist. Die Krankenkasse des
Blinden war sofort damit einverstanden eine nochmalige
Gespannprüfung anzusetzen, um Bruno möglichst schnell dort weg
holen zu konnen. Wir erreichten einen Gespannprüfer und dieser sagte
alle anderen Termine ab, nachdem er alles erfahren hatte und erklärte
sich bereit, bereits am übernächsten Tag eine Prüfung durchzuführen.
Wir informierten den blinden Besitzer über die Gespannprüfung und
dieser war so von sich überzeugt, dass er kein Problem damit hatte
diese zu absolvieren.

Am übernächsten Tag erschienen ein Vertreter der Krankenkasse, der
Gespannprüfer und zwei Mitarbeiter unserer Führhundschule. Bereits
nach einer halben Stunde hatte der Prüfer ein Bild von der Führarbeit
und wollte nun noch sehen, wie Bruno im Freilauf auf seinen blinden
Besitzer reagierte. Bruno rannte weit weg und als der Blinde ihn rief,
rannte er zu jedem der Umstehenden, nur nicht zu seinem blinden
Besitzer. Das war noch die letzte Bestätigung für den Prüfer, dass der
Hund sofort den Besitzer wechseln musste. Bei der
Abschlussbesprechung wurde festgelegt, dass Bruno noch am selben
Tag von der Führhundschule mitgenommen werden sollte.
Der blinde Mann war damit einverstanden, denn schließlich arbeitete
Bruno, seines Erachtens nach, auch nicht so, wie er es sich vorgestellt
hatte.

Unsere Informationen, Bruno betreffend, konnten wir an diesem Tag noch nicht gegen den Blinden verwenden, denn wir hatten keinen Augenzeugen für den Vorfall und mussten zuerst durch eine gesundheitliche Untersuchung von Bruno Sicherheit bekommen. Wir brachten Bruno noch auf dem Rückweg zum Tierarzt, der aber glücklicherweise keine Verletzungen am Hinterteil feststellen konnte. Einerseits waren wir erleichtert, andererseits hatten wir keinen Beweis für die Vorfälle, außer dem Verhalten von Bruno gegenüber seinem blinden Besitzer. Wir forschten weiter nach und erfuhren, dass die Beruhigungstabletten, die der Blinde seinem Hund verabreicht hatte, von der ortsansässigen Tierärztin verschrieben worden waren. Wir setzten uns mit ihr in Verbindung und sprachen sie auf die Vorwürfe an. Sie sagte dazu: „Ich weiß davon, denn der Blinde war einmal in meiner Praxis mit einer Verletzung am Hinterteil von seinem in Rente befindlichen Golden Retriever Emil. Ich hatte ihm gesagt, dass ich das nächste Mal so eine Verletzung melden würde und hatte ihm ins Gewissen geredet."

Wir waren empört, dass eine Tierärztin so einen schlimmen Vorfall nicht sofort zur Anzeige gebracht und es bei einer Ermahnung belassen hatte. Wir zeigten den Blinden und die Ärztin an. Beide Anzeigen wurden allerdings fallen gelassen, denn man konnte weder ihm noch der Ärztin etwas nachweisen. Die Tierärztin hatte keine Eintragung über diese Verletzung des Hundes in ihrer Kartei vorgenommen. Der Blinde beteuerte seine Unschuld und drohte seinerseits sogar wegen übler Nachrede an die Presse zu gehen. Der in Rente befindliche Emil war mittlerweile verstorben und so konnte man auch an ihm keinen Nachweis mehr erbringen.

Wir waren uns jedenfalls alle einig, dass so ein Mensch keinen Führhund mehr bekommen durfte. Der Sachbearbeiter, der bei der Prüfung anwesend war, stimmte uns zu, die Realität entwickelte sich dann aber doch anders. Nach großem Widerstand des blinden Mannes mittels Anwalt und der fallengelassenen Anzeige, war die Krankenkasse genötigt, einen neuen Blindenführhund zu gewähren. Als wir davon erfuhren, zweifelten wir an der Gerechtigkeit, gaben aber die Hoffnung nicht auf, dass sich nach diesem Vorfall keine Schule zur Ausbildung finden würde. Wieder weit gefehlt! Eine Schule wollte den blinden Mann wieder mit einem Führhund versorgen. Wir telefonierten mit dem Eigentümer dieser Schule und schilderten ihm die Vorkommnisse. Nachdem er sich alles angehört hatte, sagte er, dass ihn das nichts angehen würde und wir wahrscheinlich nur sauer seien, weil der blinde Mann keinen Hund mehr von uns wollte und beendete das Gespräch. Was war das für ein Mensch? Wie konnte man mit diesem Hintergrundwissen nochmals einen Hund dieser Gefahr aussetzen?!

Arnold – Der Labrador-Riese

Als wir Arnold seiner sehbehinderten Besitzerin Sarah vorstellten, ging der Labradorrüde direkt auf sie zu und lehnte sich bei ihr an. Dieser Anblick war unglaublich, denn Arnold war ein Labrador-Riese von 70 Zentimetern Schulterhöhe und Sarah eine sehr kleine Frau - wenn Arnold neben der zwanzigjährigen Sarah stand, reichte er ihr bis zur Hüfte. Wir hatten erst Bedenken, ob sie einen so großen Hund händeln könnte, aber Sarah war überzeugt davon, dass sie es schaffen würde und wollte Arnold als Blindenführhund haben.

Als die Einschulung begann und Sarah am ersten Tag die Leine in Arnold's Halsband einhaken wollte, brauchte sie dafür sage und schreibe 20 Minuten. Obwohl Arnold während der ganzen Zeit ruhig sitzen blieb, hatte Sarah große Schwierigkeiten, den Karabiner der Leine am Halsband des Hundes zu befestigen. Ich war etwas schockiert, dass Sarah so lange dafür gebraucht hatte und machte mir daher ernsthafte Sorgen um das Gelingen der Einschulung. Der anschließende erste kurze Führgang verlief aber gut und so schöpfte ich wieder Mut für die folgende Zeit. Am nächsten Tag begann das Training wieder mit dem Anleinen von Arnold und siehe da, Sarah schaffte es bereits in zwei Minuten. Eine solche Steigerung hätte ich nicht für möglich gehalten! Ich freute mich mit ihr und hatte nun doch ein besseres Gefühl, was die Zusammenarbeit der Beiden anging. Eine kleine Schwierigkeit musste Sarah unbedingt noch in den Griff bekommen, ihre Stimmlage beim Loben! Wenn Arnold beispielsweise eine Sitzbank anzeigen sollte und Sarah das Kommando „Such Bank" gab, steuerte Arnold die Bank zielsicher an und sollte dann von Sarah gelobt werden. Das Problem dabei war nur, dass Sarah das Lob genauso betonte, wie das vorherige Kommando zum Suchen der Bank und Arnold dieses vermeintliche Lob nicht als solches wahrnahm. Nach einigen Tagen gelang es Sarah, ihre Tonlage beim Loben etwas anzupassen und Arnold hatte gelernt, die Stimmlage von Sarah richtig zu deuten. Dieses Problem hatten wir auch gelöst und waren damit auf einem guten Weg, eine erfolgreiche Zusammenarbeit zu erreichen.

Die Einschulung verlief dann weiterhin gut und wir trainierten die zweite und dritte Woche am Wohnort von Sarah. Dort übten wir alle Wege ein, die Sarah in Zukunft mit ihrem Blindenführhund laufen wollte.

Obwohl Sarah vorher nie alleine unterwegs gewesen war, kannte sie die Wege erstaunlich gut und konnte Arnold die richtigen Kommandos geben. Zwischendurch versuchte Arnold immer mal wieder seinen eigenen Kopf durchzusetzen, aber Sarah zeigte ihm deutlich, wer der Chef war. Einmal wollten wir eine Straße überqueren und Arnold sollte den Bordstein nach rechts aufsuchen. Er blieb jedoch einfach stehen und wollte sich nicht nach rechts zum Bordstein wenden. Da nahm Sarah ihre ganze Kraft zusammen, legte ihre Hand um den Oberkörper von Arnold und drehte ihn einfach nach rechts um. Ja, sie schob ihn einfach herum und Arnold schaute sie total verdutzt an! Danach reagierte er immer sofort auf die Richtungsänderungen von Sarah. Arnold hatte gelernt, dass Sarah konsequent war, wenn er ihre Kommandos nicht ausführte. Dieses Erlebnis hatte die Zusammenarbeit entscheidend verbessert. Das gegenseitige Vertrauen wuchs und Arnold und Sarah wurden ein gutes Team.

Nun nahte die abschließende Gespannprüfung. An diesem Tag war Sarah mit starken Rückenschmerzen aufgewacht und hatte sich schnell noch eine Spritze vom Orthopäden geben lassen, weil sie die Prüfung unbedingt hinter sich bringen wollte. Als der Gespannprüfer da war, ging es los. Der Prüfungsweg führte zuerst zur Bushaltestelle und von dort mit dem Bus in einen anderen Ort. Nach dem Ausstieg führte der Weg über eine Ampelkreuzung und mehrere Straßenüberquerungen zu dem Wohnhaus vom Großvater von Sarah. Dort angekommen machten wir eine kleine Pause. Danach ging es zurück zur Bushaltestelle und mit dem Bus zum Wohnort von Sarah. Nach dem Ausstieg sollte Arnold zuerst einen Briefkasten aufsuchen, danach den Eingang der Sparkasse und anschließend den darin befindlichen Kontoauszugsdrucker. Bei diesen Übungen zeigte sich Arnold von seiner sturen Seite: Er wollte die Nahziele nicht anzeigen und Sarah wurde immer nervöser.

Der Prüfer meinte, dass es daran liegen würde, dass ich als Trainerin dabei war, aber das war meiner Ansicht nach nicht der Grund. Denn bei dem vorherigen Training war ich ja auch immer anwesend und Arnold hatte das nie davon abgehalten seine Arbeit zu machen. Daraufhin hatte ich die Anweisung vom Prüfer bekommen, mich für den Rest der Prüfung verdeckt zu halten und befolgte dies. Es änderte aber nichts an Arnold's Verhalten und so hatte Sarah schwer damit zu kämpfen, ihren Hund davon zu überzeugen, alle Kommandos richtig auszuführen.

Aber Sarah's Geduld zahlte sich letztendlich aus und Arnold zeigte ihr die Nahziele an. Danach führte der Weg zum Spaziergang in den Park, wo der Prüfer sehen wollte, ob Arnold im Freilauf auf sie hörte und herankam, wenn sie ihn rief. Arnold freute sich über den Freilauf und da er direkt nach dem Ableinen schon wieder herangerufen wurde, ließ er sich mit dem zurückkommen viel Zeit. Auf seinem Rückweg markierte er vorher noch unzählige Sträucher und lief dann endlich zu Sarah zurück. Danach folgten noch zwei andere Unterordnungsübungen, wie Sitz und Platz, die Arnold auch sofort ausführte. Dann ging es zurück nach Hause.

Bei dem anschließenden Abschlussgespräch zählte der Prüfer alle Punkte auf, die seiner Meinung nach nicht optimal gelaufen waren. Da einiges zusammen kam, wurde Sarah ganz blass und entmutigt. Sie wollte diese Prüfung unbedingt bestehen, um Arnold als ihren Führhund behalten zu können. Sie redete auf den Prüfer ein und überzeugte ihn davon, dass sie mit ihrem Führhund bis jetzt immer überall sicher hingekommen war und das dies für sie die Hauptsache sei. Der Prüfer notierte seine positiven und negativen Anmerkungen in dem Prüfungsbericht und wertete die Prüfung insgesamt als ‚Bestanden'. Sarah fiel ein Stein vom Herzen und ich freute mich mit ihr!

Zwei Monate später besuchte ich die Beiden erneut, um mir einen Überblick über die Führarbeit zu verschaffen. Arnold und Sarah waren mittlerweile ein eingespieltes Team, das vertrauensvoll miteinander arbeitete. Bei dem anschließenden Gespräch teilte mir Sarah mit, warum Arnold ihrer Meinung nach am Prüfungstag so unkonzentriert gewesen war. Jedes Mal wenn sie einen Sehenden bei ihren Führgängen mit Arnold mitnahm, stellte dieser seine Arbeit ein. So nach dem Motto: „Der Sehende zeigt dir ja jetzt, wo es langgeht". Sarah bemerkte auch, dass ihre Einstellung Arnold gegenüber eine Andere war, wenn sie in sehender Begleitung unterwegs waren.

Dann verließ sie sich nämlich mehr auf die Menschen als auf ihren Hund und das merkte Arnold natürlich. Hinzu kam noch, dass Sarah viel konsequenter mit Arnold war, wenn sie mit ihm alleine unterwegs war.

Mit sehender Begleitung ließ sie ihm viel zu viel durchgehen und nahm ihn letztendlich immer aus dem Führgeschirr, um sich dann von der mitlaufenden Person weiter führen zu lassen. Arnold hatte genau aus diesem Verhalten gelernt. Sarah fand das Ganze aber nicht so tragisch, denn schließlich konnte sie sich immer auf Arnold verlassen, wenn es darauf ankam und nur das zählte für sie!

Eddie – Das etwas andere Babyphone

Als wir Eddie, einen schwarzen Labradorrüden, vom Züchter holten, war er neun Wochen alt. Wir brachten ihn zu unserer Patenfamilie, die bereits vier Welpen erfolgreich für uns großgezogen hatte. Eddie entwickelte sich prächtig und wir besuchten ihn zweimal, um uns bereits im Vorfeld ein Bild über seine Qualitäten als Führhund machen zu können. Eddie war ein sehr starker Rüde, der aber leicht zu führen war. Er war sozial verträglich und hatte ein sehr gutes Lernverhalten.

Nachdem er sein erstes Lebensjahr erreicht hatte, folgte die Gesundheitsuntersuchung. Eddie war gesundheitlich als Führhund geeignet, also begannen wir mit der Ausbildung. Während der Ausbildung hatten wir bereits eine sehbehinderte Frau ausgesucht, die - wie wir meinten - gut zu ihm passen würde. Susanne war verheiratet und Mutter von zwei jüngere Mädchen. Sie führten ein eigenes Geschäft und Susanne half dort mit. Aufgrund dieser Tatsache und weil die Kinder versorgt werden mussten, begannen wir die Einschulung von Eddie direkt am Wohnort der Sehbehinderten. Einer der Wege, die Susanne unter anderem zurück zu legen hatte, war der Weg zum Kindergarten. Dabei war es bisher mit Blindenstock so gewesen, dass sie ihre Tochter an der Hand mit sich führte. Nun mussten wir sehen, ob Eddie das irritierte oder nicht. Wir nahmen Eddie direkt ins Führgeschirr, da der Weg sehr leicht und zudem nur zehn Minuten lang war. Susanne nahm ihre Tochter an die Hand und gab dem Hund das Kommando zum losgehen und Eddie führte ohne Probleme. Er berücksichtigte sogar bei Engpässen die anhängende Tochter und lief dann einen noch größeren Bogen. Es war wirklich beeindruckend, wie schnell er diese Erneuerung angenommen hatte. Susanne war sehr erleichtert darüber. Es freute sie auch, dass Eddie Spaß daran hatte, in seiner Freizeit mit den Kindern durch den Hof zu toben und mit ihnen zu spielen. Auch wenn alle zusammen auf dem Boden kuschelten war Eddie mittendrin.

Die Einschulung verlief problemlos und nach zwei Wochen ließ ich die Beiden für einige Zeit alleine, um das Gelernte zu festigen. Danach kam ich nochmal wieder, um bei der Gespannprüfung dabei zu sein. Wir fuhren dafür mit dem Zug in die Stadt, durchquerten diese auf dem Weg zu verschiedenen Ärzten und in Geschäfte und kehrten schließlich, nach ungefähr eineinhalb Stunden, wieder zurück nach Hause.

Der Prüfer war sehr zufrieden und wir natürlich auch. So konnte ich die Beiden beruhigt alleine lassen.

Mittlerweile hat die Familie nochmal Zuwachs bekommen, eine Tochter. Susanne war begeistert, wie Eddie das neue Familienmitglied aufgenommen hatte. Er war immer in der Nähe des Babys und wenn es weinte lief er zu Susanne und alarmierte sie, indem er immer wieder zurück ins Kinderzimmer rannte. Eddie war das geborene Babyphone!!!

Als die Kleine dann langsam laufen lernte, stützte sie sich an ihm ab und wenn sie mal hinfiel und weinte, kam Eddie sofort angerannt und leckte ihr übers Gesicht. Susanne meinte, dass sie keinen besseren Blindenführhund als ihn hätte finden können.

Clara – Ein Großpudel in Aktion

Clara war eine sehr schöne, grazile Großpudelhündin, mit einem wunderbaren Wesen. Sie wurde von uns mit acht Wochen an eine Patenfamilie übergeben. Während der Aufzuchtszeit holten wir sie alle drei Monate für eine Woche zu uns, um ihre Fortschritte zu sehen und ihr einige wichtige Grundregeln beizubringen.

Clara war eine sehr soziale Hündin, die jedoch ihren menschlichen Besitzer immer wieder testete. Das Problem war, dass Clara hochintelligent war und meistens weiter dachte als man es sich vorstellen konnte. Als sie mit zwölf Monaten zur Ausbildung zu uns in die Blindenführhundschule kam, machte sie einen sehr guten Eindruck auf mich. Sie bestand die Wesensprüfung mit Leichtigkeit und war auch rundum gesund, so dass die Ausbildung nun richtig starten konnte. Clara lernte sehr schnell und es machte ihr besonders viel Freude, schwierige Aufgaben selbständig zu lösen, wie das Umgehen komplizierter Baustellen und das Finden von Wegen.

Nach der erfolgreichen Abschlussprüfung hatte Clara bereits einen sehbehinderten Mann, der auf sie wartete. Die Einschulung machte viel Spaß und die Bindung zwischen den beiden wuchs zunehmend. Das einzige große Problem während der Einschulung war, dass der sehbehinderte Heinz große Angst vor Bahnhöfen hatte. Diese Angst begründete sich auf einem Unfall, den Heinz vor einigen Monaten gehabt hatte. Er war an diesem Tag mit dem Zug unterwegs gewesen. Am anderen Bahnhof angekommen, wollte er mit seinem Sehrest die Anzeigetafel des nächsten Zuges erfassen und geriet dabei zu nah an den Abgrund des Bahnsteigs. Er verlor das Gleichgewicht, stürzte in den Abgrund und schlug sich an den Bahnschienen seine Knie auf. Dabei wurde auch noch sein Blindenstock zerstört und somit unbenutzbar. Er bekam Todesangst, denn er wusste, dass auf diesem Gleis in wenigen Minuten ein Zug einrollen würde. So rappelte er sich mit großen Schmerzen auf und schrie um Hilfe. Passanten, die den Sturz gesehen hatten, glaubten wohl an einen Betrunkenen und riefen ihm die Richtung zu, in die er gehen sollte. Er rannte los und bekam als Rückmeldung von den Passanten: „Nicht da entlang, da fahren Züge, sie müssen zurück zum Bahnsteig."

Keiner der Passanten wollte helfen. Als er mit viel Glück den Bahnsteig fand und sich hochgeschafft hatte, war er völlig am Ende. Er rief seine Frau an, die ihn zwanzig Minuten später am Bahnsteig vorfand. Sie brachte ihn sofort zum Arzt, damit die stark blutende Wunde am Knie verarztet werden konnte. In dem Moment reifte in Heinz der Entschluss, sich einen Blindenführhund zuzulegen, damit ihm das nie wieder passieren würde.

Nun kann man sich annähernd vorstellen, welche Gefühle in Heinz aufkamen, als wir beim Training das erste Mal zum Bahnhof gingen. Nachdem ich ihm alles erklärt hatte und er merkte, dass sich Clara, wenn er dem Abgrund zu nah kam, quer vor ihn stellte, entspannte er sich merklich. Es dauerte allerdings insgesamt vier Wochen Trainingszeit, bis Heinz ohne Probleme alleine den Mut fand Zug zu fahren und am Bahnsteig entlangzugehen.

Heinz hatte durch Clara sein Vertrauen zu sich und seiner Umwelt wiedergefunden. Er war so glücklich darüber, was man ihm auch im Umgang mit seinem Blindenführhund anmerken konnte. Ich habe selten einen Sehbehinderten so ausgelassen mit seinem Führhund toben sehen, wie ihn. Ein sehr schöner Anblick, bei dem ich jedes Mal eine Gänsehaut bekam.

Aber es sollte noch besser kommen: Wie sehr die Beiden bereits als Team zusammen gewachsen waren, zeigten sie bei der Gespannprüfung. Am Tag der Prüfung war Heinz nicht aufgeregt, sondern gelassen. Nachdem wir mit dem Prüfer den Prüfungsweg besprochen hatten ging es los. Der Weg führte durch den Vorort, wo er wohnte, bis in die belebte Innenstadt. Auf dem Weg mussten die Beiden zahlreiche Ampelkreuzungen überqueren und Hindernisse umgehen, aber das bereitete ihnen keine Schwierigkeiten. Im Gegenteil, je kniffliger sich zum Beispiel eine Baustelle zeigte, umso größer war die Kreativität von Clara, ihren sehbehinderten Besitzer sicher daran vorbei zu führen. Es war eine Freude den Beiden bei der gemeinsamen Arbeit zuzusehen, denn es war eine wahrhaft meisterliche Teamarbeit, die sie zeigten. Wenn Clara nicht mehr genau wusste, wie es weitergehen sollte, gab Heinz die Befehle und wenn dieser den Weg nicht mehr fand, übernahm Clara diese Aufgabe. Nachdem wir eine sehr laute Baustelle, wo mit Presslufthammer gearbeitet wurde, passiert hatten, machte der

Prüfer den Vorschlag, in den nahgelegenen Park zu gehen, damit Clara ihr ‚Geschäft' erledigen konnte. Als wir im Park ankamen und Clara ausgeschirrt war, wollte der Prüfer den Schusstest durchführen. Ich fragte ihn, ob er an der Baustelle, wo wirklich viel Lärm gewesen war, eine Unsicherheit bei Clara gesehen hätte oder warum er den Schusstest machen wolle. Er erwiderte, dass Clara die Prüfung bis jetzt souverän gemeistert hätte, er aber auf den Schusstest als Bestandteil der Prüfung nicht verzichten wolle. Er packte dann seinen Revolver aus - mitten im Stadtpark - und gab drei Schüsse aus verschiedenen Distanzen ab. Clara sah sich nach dem ersten Schuss nur kurz um, lief dann aber unbeeindruckt weiter.

Auch bei den folgenden zwei Schüssen reagierte sie so. Einige Passanten, die im Park ihre Runden drehten, schauten sich, nach dem ersten Schuss, irritiert und verängstigt um und verließen fluchtartig den Park. Das störte den Prüfer nicht, denn er beurteilte ja nur die Reaktion von Clara und mit dieser war er sehr zufrieden. Heinz fand den

Schusstest im Stadtpark sehr interessant und musste ein wenig darüber schmunzeln.

Auf dem Rückweg hatte der Prüfer sich noch ein paar Aufgaben für das Gespann ausgedacht. Die erste bestand darin, sich von dem Führhund einen Taxistand anzeigen zu lassen. Da Clara dieses Kommando nicht gelernt hatte, Heinz aber ungefähr wusste, wo die Taxen bereit standen, dirigierte er Clara in die Richtung und fixierte mit seinem Sehrest die Taxen, um den Hund richtig leiten zu können. Ich war begeistert von der Kreativität des sehbehinderten Mannes und musste schmunzeln.

Auch bei der nächsten Aufgabe zeigten die Beiden Nervenstärke und Gelassenheit. Der Prüfer bat Heinz mit Clara die Bushaltestelle aufzusuchen. Dazu muss man wissen, dass sich die Bushaltestellen auf verschiedenen Mittelinseln befanden und der Sehbehinderte natürlich nicht wissen konnte, auf welcher Mittelinsel sein Bus halten würde. Also suchte er sich mit Clara eine Passantin und fragte sie: „Entschuldigung, können Sie mir bitte sagen, wo sich die Bushaltestelle der Linie 2 befindet?"

Diese antwortete: „Natürlich, soll ich Sie dorthin führen?"

Daraufhin erwiderte der sehbehinderte Mann: „Danke, aber es ist ausreichend, wenn sie voraus gehen und mein Hund ihnen folgt."

Die Passantin ging vorne weg zur richtigen Haltestelle und Clara hinterher. Ich platzte fast vor Stolz auf die Beiden, wie sie diese Situation gelöst hatten. Die Busfahrt und der Rückweg von der Haltestelle nach Hause waren dann für das Gespann nur noch ein Kinderspiel und sie hatten die Prüfung bestens bestanden! Aber wer jetzt dachte, der Prüfer würde mal schnell ein Formular ausfüllen, hat sich getäuscht! Wir saßen noch insgesamt eineinhalb Stunden zusammen, um die mindestens dreißig Seiten des mitgebrachten Prüfungsbogens gemeinsam auszufüllen. Das machte uns in diesem Moment aber nicht so viel aus, denn die Prüfung war bestanden, Heinz glücklich und ich mächtig stolz auf die Beiden!

Flash – Ein folgenschwerer Unfall

Flash war ein Jahr alt als ich ihn von einer Familie, die ihn nicht mehr behalten konnten, angeboten bekam. Er war ein sehr ungestümer und lustiger blonder Labradorrüde, der für jeden Unsinn zu haben war. Da er ein ausgeprägtes Lernverhalten zeigte, nahm ich ihn mit in unsere Blindenführhundschule. Nach einer vierwöchigen Probezeit, in der ich ihn besser kennen gelernt hatte, ließ ich ihn in unserer Tierklinik untersuchen. Flash war gesund und somit für die Ausbildung geeignet und ich beschloss, ihn in die Hände unserer jüngsten Ausbilderin zu geben.

Die Ausbildung ging voran und die Ausbilderin hatte einige Kämpfe mit dem jungen Rüden auszutragen. Er nahm die Ausbilderin und seine Arbeit als angehenden Blindenführhund von Anfang an nicht ernst. Es fing bereits damit an, dass Flash rumzappelte, sobald die Ausbilderin ihm das Führgeschirr anziehen wollte. Alle Versuche Flash zu korrigieren scheiterten, denn die Einwirkungen kamen bei ihm nicht an. Obwohl sie bei jeder neuen Ausbildungseinheit merkte, dass er sich sehr schwer korrigieren ließ und auch nach vielen Wiederholungen dieselben Fehler wieder machte, schob es die Ausbilderin darauf, dass Flash einfach etwas mehr Zeit für das Erlernen der Ausbildungsinhalte benötigte. Flash war eine große Herausforderung für sie.

Als ich Flash bei der ersten Prüfung beurteilte, bemerkte ich, dass er die Ausbilderin nicht so ernst nahm, wie es nötig gewesen wäre. Ich besprach meine Elndrücke mit ihr und bat sie, mit dem Hund daran zu arbeiten. Ich gab ihr noch einige Tipps und hoffte, dass sie diese umsetzen würde.

Bei der zweiten Prüfung nahm ich Flash selbst ins Führgeschirr. Ich sah, dass er immer noch ein kleiner Rebell war und man sich bei ihm energisch durchsetzen musste, sonst tanzte er einem auf der Nase herum. Auch diese Eindrücke besprach ich wieder mit der Ausbilderin.

Bei der Abschlussprüfung hoffte ich, dass sich durch die nun siebenmonatige Ausbildung des Hundes, die Führigkeit verbessert hatte. Bei der Prüfung stellte ich jedoch fest, dass Flash zwar alle Hörzeichen befolgte, aber immer wieder mal versuchte, seinen Kopf durchzusetzen. Dieses Verhalten hatte sich also nicht verändert und wir würden in der

Einschulung des Hundes mit seinem zukünftigen Besitzer darauf achten müssen, dass dieser sich vom ersten Tag an konsequent durchsetzte, sonst hätte er bei diesem Hund verloren.

Die Einschulung stand an und da die Ausbilderin selbst beschäftigt war, nahm ich die Einschulung persönlich vor. Diese wurde am Wohnort des blinden Besitzers durchgeführt und so fuhr ich mit Flash dorthin. Der blinde Mann hatte zuvor schon Führhunde besessen und daher dachte ich, dass es mit der Konsequenz und der Durchsetzungskraft gut bestellt sei. Ob diese Einschätzung richtig war, würde ich ja dann sehen. Das faszinierende an der Hundeausbildung ist für mich immer noch die Klarheit, mit der Hunde auf einen Blick den Menschen erkennen können und sofort merken, ob dieser konsequent und durchsetzungsfähig ist oder nicht. Flash sah seinen Blinden und die Sache war erledigt! Bereits beim ersten Treffen nahm sich Flash Sachen heraus, wie das Anspringen des blinden Besitzers und das Hochhüpfen auf dessen Sofa, was mich sprachlos machte. Ich wollte natürlich nicht sofort wieder mit ihm nach Hause fahren und hoffte, dass die Arbeit mit den Beiden eine deutliche Verbesserung der Rangordnung bringen würde. Meine innere Stimme verriet allerdings etwas anderes, ich wollte nur nicht darauf hören.

Am nächsten Morgen begannen wir mit dem Training und es kam wie es kommen musste: Der blinde Besitzer war inkonsequent und Flash nutzte das aus und reagierte überhaupt nicht auf dessen Anweisungen. So etwas hatte ich noch nie zuvor erlebt und ich war entsetzt, denn Flash benahm sich, als hätte er nie etwas von einer Blindenführhundausbildung gehört. Ich versuchte es noch einen Tag lang mit den Beiden, dann trafen wir gemeinsam die Entscheidung, dass dieser Hund nicht der richtige für ihn war und ich machte mich mit Flash auf den Heimweg.

Wieder in der Führhundschule angekommen erklärte ich Flash zur Chefsache. Ich wollte es nun wissen und übernahm seine Ausbildung. Nach zwei Monaten fanden wir einen jungen blinden Mann, der mir geeignet für Flash erschien. Torben war durchsetzungsfähig und das zeigte er auch beim ersten Kennenlernen mit Flash. Als Flash ihn anspringen wollte ertönte sofort ein „NEIN!" und Flash verstand sofort, mit wem er es zu tun hatte. Torben ging von Anfang an liebevoll und konsequent mit ihm um. Das war genau das, was Flash brauchte.

Die Einschulung begann einige Wochen später und verlief sehr gut. Torben musste sich natürlich immer mal wieder gegen Flash behaupten, tat dies aber in einer sehr ruhigen und angenehmen Art. Nach drei Wochen waren die Beiden ein eingespieltes Team mit einer guten Vertrauensbasis. Natürlich war Flash noch immer ein kleiner Wildfang, aber Torben liebte es mit ihm zu toben und mit ihm joggen zu gehen. Diese Freizeitaktivität und die tägliche Führarbeit lasteten Flash gut aus und die Beiden wären sicher noch heute ein gutes Team, wenn nicht dieser verhängnisvolle Tag gekommen wäre.

Es war ein Samstagmorgen an dem Torben beschloss mit Flash zum Einkaufen zu gehen. Er lief zu einer Einkaufspassage und da er nur ein paar Kleinigkeiten einkaufen wollte, dachte sich Torben, dass es besser wäre, Flash vor der Passage anzubinden und ihn dort warten zu lassen. Ein riesen Fehler, wie sich später herausstellen sollte. Der Einkauf nahm dann doch mehr Zeit in Anspruch als gedacht und auf einmal hörte Torben eine Durchsage des Lautsprechers: „Ein frei laufender Labrador mit einer Blindenführhund-Kenndecke ist aufgefunden worden und wartet nun bei der Security auf seine Abholung!"

Torben ließ alle Einkäufe stehen und rannte zur Kasse, wo er sich zu der Security bringen ließ und tatsächlich hatte einer der Mitarbeiter seinen Flash an der Leine. Er fragte, was passiert sei, aber keiner konnte ihm etwas Genaueres erzählen. Passanten hatten den Führhund frei durch die Passage laufen sehen und ihn dann festgehalten, damit er nicht in den Einkaufsmarkt lief. Flash wirkte sehr verschreckt und ängstlich, er zitterte am ganzen Körper und hatte einige kleine, blutende Wunden. Außerdem waren Flash's Leine und Kenndecke zerrissen. Torben versuchte unter den anwesenden Passanten noch Zeugen für den Vorfall zu finden, was ihm leider nicht gelang. Er nahm seinen Flash und ging mit ihm nach Hause.

Auf dem Heimweg merkte er, dass Flash jedes Mal, wenn sich ein Fahrrad näherte, zu knurren begann und in dessen Richtung zog. Torben dachte, dass dieses Verhalten ein Zeichen des Schocks war, in dem sich der Hund augenscheinlich noch befand. Zu Hause angekommen, legte sich Flash auf seinen Platz und fiel in einen traumreichen Schlaf.

Als Torben nachmittags noch mal spazieren ging, bemerkte er wieder das veränderte Verhalten gegenüber Fahrradfahrern. Er konnte sich das nicht erklären, dachte aber immer noch, dass sich dieses Verhalten wieder von selbst legen würde. Er sollte sich täuschen!

Am nächsten Tag verstärkte sich Flash's Verhalten und er versuchte sogar einen Fahrradfahrer anzuspringen. Torben war verzweifelt und rief bei mir an. Ich versprach am nächsten Tag vorbei zu kommen, um mir das Verhalten anzusehen. Als ich am Folgetag mit Torben und Flash unterwegs war, zeigte sich das ganze Ausmaß. Da es in der Stadt, wo der Blinde wohnte, sehr viele Fahrradfahrer gab, begegneten uns ständig welche. Flash reagierte auf jeden Einzelnen und sein Verhalten verschlimmerte sich sogar. Einwirkungen, die ich Torben vorschlug, nahm Flash gar nicht wahr, sondern steigerte sich noch mehr in seine Abwehr. Ich sagte dem Blinden, dass der Vorfall im Einkaufscenter irgendetwas mit einem Fahrrad zu tun gehabt haben musste, denn sonst würde Flash nicht so eine starke Reaktion zeigen. Da auch nach nochmaliger, persönlicher Nachfrage in dem Center keiner wusste, was passiert war, organisierten wir einen Pressebericht, in dem mögliche Zeugen aufgefordert wurden sich zu melden. Gleichzeitig erklärte ich Torben, dass ich Flash mitnehmen müsste, weil er keine sichere Führarbeit mehr leisten konnte. Ich musste versuchen, das Verhalten durch ein gezieltes Training zu verbessern. Ich wusste allerdings nicht, ob dies ohne Probleme möglich sein würde und Flash danach wieder als Blindenführhund eingesetzt werden könnte. Ich hoffte auf Flash's gutes Lernverhalten.

Nach der ersten Woche intensiven Trainings war absehbar, dass das Verhalten von Flash nur abgemildert werden konnte. Ich besprach meine Einschätzung mit Torben und uns Beiden war klar, dass Flash in einer Stadt mit so vielen Fahrrädern nie mehr stressfrei seiner Arbeit als Blindenführhund nachgehen konnte. Nachdem der Zeitungsartikel keine Zeugen zu Tage gebracht hatte, waren wir der Ansicht, dass der Blindenführhund vor dem Eingang der Passage von einem sehr schnellen Fahrradfahrer übersehen und angefahren worden war und er sich dann losgerissen haben musste. Was wirklich an diesem Tag passiert ist, werden wir wohl nie mit Sicherheit sagen können! Sicher ist nur, dass dieses Erlebnis dazu geführt hat, den Blindenführhund untauglich zu machen. Es war eine Katastrophe!

Nun stand Torben wieder ohne Führhund da. Die Krankenkasse von Torben, die wir mittlerweile informiert hatten, riet ihm dazu, eine Anzeige gegen unbekannt zu erstatten und das Einkaufscenter anzuschreiben, um deren Verantwortung in diesem Fall zu klären. Darüber hinaus erteilte die Kasse die Erlaubnis für einen neuen Führhund.

Gemeinsam mit Torben musste ich entscheiden, was mit Flash passieren sollte. Die Entscheidung fiel Torben nicht leicht. Wir entschieden uns dafür, Flash nach einer erfolgten Therapie an eine private Familie abzugeben. Wir fanden eine nette junge Frau für Flash. Er lebt auch heute noch dort und ist mittlerweile in der Lage, relativ entspannt an Fahrrädern vorbeizugehen ohne diese Anzubellen oder Anzuknurren. Somit hatte Flash noch Glück im Unglück!

Torben bekam acht Monate später seinen neuen Blindenführhund, eine große, schwarz-braune Schäferhündin namens Pepsi. Die Beiden sind noch heute ein gutes Team und Torben nimmt seinen Hund seit dem Vorfall mit Flash immer in jedes Geschäft mit hinein.

Umba – Unsere Menschenspezialistin

Aufgrund ihrer Lebenserfahrung hat Umba uns immer wieder dabei geholfen Menschen richtig einzuschätzen. Uns wurde dies aber erst wirklich bewusst, als wir einen sehbehinderten Kunden zum Erstgespräch eingeladen hatten. Der Sehbehinderte war ein junger Mann, der den Wunsch hatte, sich einen Blindenführhund anzuschaffen. Wir holten ihn am Bahnhof ab und brachten ihn in unsere Blindenführhundschule. Er erzählte uns in dem folgenden Gespräch, wie er sich die Zusammenarbeit mit einem Führhund vorstellte.

Die Erwartungen an seinen zukünftigen Blindenführhund waren sehr hoch. Er erzählte uns sehr ausführlich von den Aufgaben, die sein Führhund würde erfüllen müssen und den Dingen, die dieser zu unterlassen hatte. Die meisten seiner Überlegungen kreisten jedoch nur um die zukünftige Führarbeit. Wir erklärten ihm, dass ein Führhund nicht nur für die Führarbeit da sei, sondern auch Ansprüche auf einen Ausgleich zur Arbeit habe. Dieser Ausgleich bestehe aus den täglichen Spaziergängen und dem Spiel mit ihm als Besitzer oder mit anderen Hunden. Nur durch diesen Ausgleich, so erklärten wir ihm, sei ein Blindenführhund in der Lage seiner Führarbeit nachzugehen und dabei ausgeglichen zu sein. Der Sehbehinderte verstand unsere Ausführungen, wir merkten aber auch, dass er vorher nicht im Geringsten daran gedacht hatte.

Nach Beendigung des Gesprächs holten wir nacheinander alle unsere Hunde herein. Als Umba das Zimmer betrat und den Sehbehinderten entdeckt hatte, blieb sie zuerst an der Tür stehen und legte sich dann hin, ohne den Besucher zu beachten. Wir waren sehr erstaunt über diese Reaktion von Umba, denn sonst freute sie sich immer sehr über Besucher und begrüßte diese freudig. Als der Sehbehinderte auf unser Anraten hin versuchte Umba unter zu Hilfenahme von Futter anzulocken, schaute sie ganz kurz in seine Richtung und wendete sich sofort wieder ab. Diese Reaktion war sehr ungewöhnlich, denn Umba war eigentlich so verfressen, dass sie von jedem Fremden Futter annahm. Wir ließen Umba aus dem Zimmer gehen und holten den nächsten Hund herein. Dieser nahm sofort das Futter des Sehbehinderten und ließ sich auch kurz streicheln, bevor er sich uns zuwandte. Anschließend gingen wir mit dem Sehbehinderten und einem in Ausbildung befindlichen Labrador spazieren, um uns selbst eine Eindruck über die Umgangsweise des Sehbehinderten mit einem Hund zu verschaffen. Dabei merkten wir, dass der Sehbehinderte zwar die Mobilitätshilfe Hund wollte, aber keinen Hund als Sozialpartner. Nachdem wir noch einen kurzen Führgang absolviert hatten, baten wir den Sehbehinderten sich noch einmal intensiv über die Anschaffung eines Führhundes Gedanken zu machen und sich danach bei uns zu melden, egal ob er sich für oder gegen einen Führhund entscheiden würde.

Nach vierzehn Tagen rief er an und bedankte sich nochmal für die eingehende Beratung. Nach reiflicher Überlegung hatte er sich nun doch gegen die Anschaffung eines Führhundes entschieden, weil er vorher nicht bedacht hatte, dass der Hund auch gewisse Ansprüche an ihn stellen würde, die er nicht erfüllen wollte.

Erst jetzt erkannten wir, dass Umba den Sehbehinderten in der ersten Sekunde durchschaut hatte. Deshalb war sie nicht zu ihm gegangen und hatte sich so abweisend verhalten. Wir haben ihr Verhalten natürlich ab diesem Tag besonders genau beobachtet und kamen tatsächlich auf das Ergebnis, dass sie dieses Verhalten nur zeigte, wenn ein Sehbehinderter keinen Hund, sondern nur die Mobilitätshilfe wollte. Noch heute ist Umba für uns eine große Hilfe bei der ersten Einschätzung von Neukunden.

Bonny – Ein Blindenführhund als Therapiehund

Bonny wurde in unserer Blindenführhundschule geboren und war ein Labrador-Golden-Retriever Mischling. Das Besondere an Bonny war, dass die sehbehinderte Lotte sie bereits als Welpe für sich aussuchte, obwohl wir zu dieser Zeit noch gar nicht wussten, ob Bonny gesundheitlich und wesensmäßig für die anspruchsvolle Ausbildung als Blindenführhund geeignet wäre. Ihr sehbehindertes Frauchen dagegen war fest davon überzeugt, dass Bonny ihr Führhund werden würde.

Bonny entwickelte sich prächtig und ihre Patenfamilie, in der sie aufwuchs, hatte viel Freude an ihr. Mit zwölf Monaten kehrte Bonny in unsere Blindenführhundschule zurück und konnte endlich darauf getestet werden, ob sie auch wirklich als Blindenführhund geeignet war. Der Wesenstest verlief ohne Beanstandungen, denn Bonny hatte sich in den vergangenen Monaten zu einer verträglichen und gehorsamen Hündin entwickelt. Nun kam der Tag der Gesundheitsprüfung. Wir fuhren mit Bonny in unsere Tierklinik. Zuerst führte die Tierärztin eine allgemeine Untersuchung durch. Dabei wurden Bonny's Herz, Kreislauf, Blut und Urin sowie ihr Bewegungsablauf und die Augen überprüft. Danach wurde sie in Narkose gelegt, um die Hüften, Ellenbogen sowie die Wirbelsäule zu röntgen. Wir erwarteten die Ergebnisse mit Spannung und als die Tierärztin mit einem zufriedenen Lächeln zu uns kam, wussten wir, dass alles in Ordnung war. Bonny's Ergebnisse waren sehr gut. Wir waren überglücklich und nachdem Bonny aus der Narkose aufgewacht war, informierten wir auch Lotte über das gute Ergebnis.

Endlich konnte die Ausbildung von Bonny richtig losgehen. Sie lernte sehr schnell und war sehr kreativ im Finden von Lösungen, beispielsweise beim Umgehen von schwierigen Baustellen. Das Einzige, was Bonny immer mal wieder zeigte, war der sture Kopf Ihrer Mutter, denn ein bisschen Esel ist halt in jedem Labrador wiederzufinden. Nach Abschluss ihrer Ausbildung kam sie endlich zu der sehbehinderten Lotte, die so lange auf diesen Moment gewartet hatte.

Die Einschulung der Beiden verlief sehr gut und nachdem sich Lotte Bonny's Führung ganz anvertraut hatte, sollte eine abschließende Gespannprüfung die gute Zusammenarbeit dokumentieren.

Da Lotte immer große Angst vor Prüfungen hatte, baten wir den Prüfer eine verdeckte Prüfung durchzuführen. Verdeckte Prüfung bedeutet, dass der Prüfungsweg vorher mit dem Gespannprüfer besprochen wird, der Sehbehinderte diesen mit seinem Führhund selbständig zurücklegen muss und sich der Prüfer erst am Ende der Strecke zu erkennen gibt.

Lotte dachte also, dass es sich nur um einen Probelauf der Prüfung handeln würde. Die Beiden meisterten die verdeckte Prüfung mit Bravour und Lotte fiel ein Stein vom Herzen, als sich der Prüfer am Ende des Weges zu erkennen gab und ihr zur bestandenen Prüfung gratulierte. Sie hatte Freudentränen in den Augen und war stolz auf sich und Bonny und dazu hatte sie auch allen Grund!

Bonny musste in der folgenden Zeit ihre Besitzerin oft seelisch wieder aufbauen, da in kurzer Zeit nach der Abgabe zuerst einer ihrer Söhne in sehr jungem Alter verstarb und kurze Zeit später die Ehefrau ihres anderen Sohnes unheilbar an Krebs erkrankte. Auch die Schwiegertochter verlor den Kampf gegen ihre Krankheit und verstarb wenige Monate später. Sie hinterließ den Ehemann und zwei kleine Kinder. Da wir sehr engen Kontakt zu Lotte hatten, bekamen wir auch mit, dass sie sich bei jedem Schicksalsschlag fragte, warum diese jungen Menschen sterben mussten und nicht sie. Sie sagte uns, wenn sie Bonny in dieser schweren Zeit nicht gehabt hätte, sie auch nicht mehr auf dieser Welt wäre. Da diese schweren Monate die Beiden sehr mitnahmen, holten wir Bonny sehr oft zum Spielen mit unseren Hunden ab oder nahmen Lotte und Bonny zu einer ausgiebigen Wanderung durch den Odenwald mit. Dabei konnten Sie eine kurze Zeit ihre Ängste und Sorgen verdrängen und mal etwas anderes sehen. Da diese Ausflüge den Beiden sehr gut taten, wiederholten wir sie so oft es uns möglich war.

Auch heute stehen wir noch in engem Kontakt zu den Beiden und hoffen, dass sie nun glücklicheren Zeiten entgegensehen. Verdient hätten sie es auf jeden Fall, denn Bonny war für Lotte nicht nur in dieser Zeit sehr wichtig, sondern ist es auch heute noch. Nun ist auch klar, warum Lotte ihren Hund bereits als Welpen aus unserem Wurf ausgewählt hatte – es war Bestimmung, es sollte wohl so sein!

Angus – Der stattliche Golden Retriever Rüde

Als wir Angus angeboten bekamen war er dreizehn Monate alt und bis dahin bei einer sehr netten Familie mit zwei Kindern und einem weiteren Hund aufgewachsen. Die Familie wollte Angus hergeben, weil sie zu wenig Zeit für ihn hatten und ihm anmerkten, dass er unterfordert war. Ich besuchte die Familie und um Angus kennenzulernen, gingen wir zusammen mit dem Besitzer in die nahgelegene Stadt. Angus zeigte sich selbstbewusst und kam mit den Situationen und den Umweltreizen in der Stadt sehr gut zurecht. Er schien mir sehr geeignet für die Ausbildung zum Blindenführhund. Angus´ Markenzeichen war von Anfang an die immerzu hochgestellte Rute, die aber außer Imponiergehabe nichts zu bedeuten hatte. Ich musste darüber schmunzeln.

Angus wurde zum Blindenführhund ausgebildet und bestand seine Abschlussprüfung. Nun begann die Einschulung der blinden Helga, für die Angus vorgesehen war.

Damit fingen die Probleme an. In den ersten Tagen bemerkte unsere Mitarbeiterin, die Angus einschulte, einige Auffälligkeiten seitens der blinden Besitzerin. So war es zum Beispiel immer so, dass Helga zur vereinbarten Trainingszeit am Morgen verschlafen hatte und im Morgenmantel die Haustür öffnete, obwohl sie zu dieser Zeit schon mit Angus hätte spazieren gehen sollen. Wir schoben diese Startschwierigkeiten auf den fehlenden Tagesrhythmus von Helga, der sich jetzt erst einpendeln musste. Beim Training bemühte sich Helga anfangs, zeigte aber sehr schnell Ermüdungserscheinungen und ließ sich dann oft wie ein nasser Sack vom Blindenführhund hinterher ziehen. Sobald diese Situation eintrat, hing Angus wie ein Schlittenhund im Führgeschirr und musste regelrecht Anlauf nehmen, wenn er Helga um eine Kurve oder Hausecke ziehen wollte. Angus schien zunehmend unglücklicher. Eigentlich spielte Angus sehr gerne, aber wenn Helga nach Beendigung der Führarbeit ein Spiel mit ihm anfangen wollte, drehte sich Angus einfach weg und ließ sie alleine stehen. Unsere Mitarbeiterin wusste sich nicht mehr zu helfen und bat mich um Rat.

Wir fuhren am nächsten Tag gemeinsam zur blinden Besitzerin, damit ich mir ein Bild von der Situation machen konnte. Als wir bei Helga ankamen, bat Sie uns herein. Sie hatte ihr Frühstück noch nicht beendet und trank in aller Ruhe ihren Kaffee. Als wir Sie fragten, ob Angus schon draußen war, verneinte sie dies und sagte, dass wir ja gleich gemeinsam rausgehen würden. Unsere Mitarbeiterin betonte, dass dies nicht so abgesprochen war und dass es nicht gut sei, wenn sie sich nicht an die Absprachen halten würde. „Angus hat schließlich einen bestimmten Rhythmus und darauf müssen Sie Rücksicht nehmen, sonst macht er Ihnen irgendwann in Ihre Wohnung, weil er es nicht mehr halten kann", sagte die Mitarbeiterin.

Nach Beendigung des Frühstücks machte Helga sich fertig und mit vierzigminütiger Verspätung ging es los. Als wir aus dem Haus traten, zog Angus sofort auf die angrenzende Wiese, um sich zu erleichtern. Bei dem anschließenden Spaziergang erledigte er auch das große Geschäft und war nun bereit für die Führarbeit. Helga wollte Angus das Führgeschirr anziehen, doch er drehte immer wieder den Kopf weg und wollte ausweichen. Meine Mitarbeiterin und ich sahen uns an und wir dachten Beide wohl dasselbe, nämlich, dass dies kein gutes Zeichen für die bevorstehende Führarbeit sei! Helga schaffte es dann, durch das Festhalten von Angus Kopf, ihm das Führgeschirr überzustreifen. Nun konnte es losgehen.

Wir folgten dem Gespann mit einigem Abstand auf dem Weg Richtung Innenstadt. Das Bild, das sich uns bot war erschreckend! Helga ließ sich von Anfang an wie ein Kartoffelsack am Führgeschirr hinterherziehen und Angus musste seine ganze Kraft aufbieten, um diese Arbeit leisten zu können.

Nebenbei musste er sich noch auf den Weg konzentrieren, da von Helga keine Kommandos diesbezüglich kamen. Angus wusste jedoch wo es langgeht, da er diesen Weg seit Beginn der Einschulung täglich zurückgelegt hatte. Nach einigen hundert Metern baten wir Helga kurz anzuhalten. Wir beschrieben ihr unsere Beobachtungen und sagten ihr, dass sie das Führgeschirr nur ganz locker festhalten solle, um die Führung Angus spüren zu können. Wir betonten, dass ein Führgeschirr keineswegs zum Ziehen des Blinden geeignet sei und auch der Hund diese Mehrarbeit auf Dauer nicht leisten könne - gerade auch im Hinblick auf die gesundheitlichen Folgen für den Rücken des Hundes. Angus hatte sich in dieser kurzen Zeit bereits eine schräge Laufart angewöhnt, um die Zugkraft, die er benötigte, besser umsetzen zu können. Helga versuchte das Gesagte von uns zu verstehen und wollte es besser machen. Nach einigen Metern fiel sie allerdings wieder in ihr altes Muster zurück und Angus musste sie wieder mit sich ziehen. Wir stoppten das Gespann abermals und erklärten Helga, dass Angus auf diese Art nicht weiter arbeiten könne und sie jetzt endlich versuchen müsse, ihr Verhalten zu ändern.

Wir starteten erneut unseren Weg in die Stadt und nach wenigen Metern verfiel sie erneut in ihr altes Muster und ließ sich von Angus ziehen. Wir sahen es deutlich an ihrer veränderten Körperhaltung. Hätte sie in diesem Moment das Führgeschirr losgelassen, wäre sie einfach nach hinten umgefallen.

Wir stoppten erneut und versuchten Helga die Situation, anhand einer Trockenübung, näher zu bringen. Dazu schirrten wir Angus aus und ich übernahm die Rolle des Führhundes. Auf 'Voran!' ging ich los und nach einigen Metern lockeren Gehens verstärkte sich der Zug am Bügel, so dass ich das gesamte Gewicht Helga's spürte. In diesem Moment gab ich mit dem Führgeschirr nach und Helga musste einen Ausfallschritt nach hinten machen, um nicht zu stürzen.

Nun hofften wir, dass sie verstanden hatte, worum es bei der Übung gegangen war und wiederholten diese viele Male. Das Problem dabei war nur, dass auch meine Mitarbeiterin diese Übung bereits täglich durchgeführt, dies aber nichts am Verhalten der Blinden geändert hatte. Nach einem halbstündigen Trockentraining mit Helga hatten wir nur unwesentliche Verbesserungen erreicht und so beschlossen wir, das Training für heute zu beenden. Wir führten Helga am Arm nach Hause und wollten auf diesem Weg noch einen kurzen Spaziergang unternehmen, um abschließend mit einem Spiel, zwischen Helga und Angus, den Trainingstag zu beenden.

Auf der Wiese angekommen, erleichterte sich Angus sofort und danach holten wir sein Lieblingsspielzeug heraus und gaben es Helga zum Spielen. Helga bemühte sich ihrem Hund das Spielzeug schmackhaft zu machen, aber Angus ignorierte sie komplett. Er lief herum, schnüffelte, schaute ab und zu mal zu seinem Frauchen, lief dann aber in die Gegenrichtung und beschäftigte sich mit anderen Dingen. Helga gab, trotz unserer Ermutigung sich noch interessanter zu machen, entnervt auf. Angus wurde angeleint und wir gingen nach Hause.

Dort angekommen wurde Angus gefüttert und wir besprachen uns mit Helga. Sie war sehr frustriert und schob die gesamte Schuld auf Angus. Sie sah ihre Fehler nicht ein und war sehr gereizt. Wir versuchten, ihr die Situation nochmals aus unserer Sicht zu schildern, aber sie hatte kein Ohr mehr dafür. Wir drangen nicht mehr zu ihr durch und vereinbarten ein erneutes Gespräch am nächsten Morgen. Wir wussten, dass es so nicht weiter gehen konnte. Es war augenscheinlich, dass Angus ein Problem mit Helga hatte und diese mit Angus. Wir wussten, dass sich mit der Einstellung, die sie bereits jetzt dem Hund gegenüber hatte, kein Vertrauensverhältnis mehr aufbauen konnte. Außerdem hatte mittlerweile auch das Vertrauensverhältnis zwischen ihr und unserer Mitarbeiterin schwer gelitten.

Auf der Rückfahrt nach Hause besprach ich mit meiner Mitarbeiterin eingehend die Situation und wir suchten nach einer Lösung. Eigentlich sahen wir keine andere Möglichkeit als Angus wieder mitzunehmen. Was sollten wir allerdings Helga sagen? Würden wir ihr einen anderen Hund empfehlen, der vielleicht besser zu ihr passen würde? Kam Helga einfach mit sich selbst nicht klar und verlagerte diesen Frust auf ihren

Blindenführhund? Leider hatten wir eine solche Situation bereits einige Male miterlebt und dann den Führhund wieder zurückholen müssen. Wir wollten noch eine Nacht darüber schlafen und am nächsten Morgen eine gemeinsame Entscheidung treffen.

Nach einer unruhigen Nacht trafen wir uns daher wieder am nächsten Morgen. Wir besprachen die Situation noch einmal eingehend und überlegten, wie wir am besten vorgehen sollten. Wir wollten Helga noch eine Chance geben, aber nur dann, wenn sie versuchen wollte, an dem bestehenden Problem mit Angus zu arbeiten. Dafür war es natürlich notwendig, dass Helga das Problem mit Angus erst mal als solches anerkannte. Wir fuhren zur Sehbehinderten nach Hause und trafen sie noch beim Frühstücken an. Wir schlugen erst einmal einen Spaziergang mit Angus vor, um uns danach zusammenzusetzen und zu reden. Wir gingen in den Park und Angus löste sich und rannte umher, schnüffelte hier und dort. Als Helga ihn heranrief, wendete er sich um und rannte zurück, jedoch zu meiner Mitarbeiterin und nicht Helga. Diese rief ihn wiederholt und zerrte an der Leine, worauf Angus mit Widerwillen zu ihr gehen musste.

Meine Mitarbeiterin und ich sahen uns an und wir dachten wieder das gleiche, nämlich, dass Angus ein großes Problem mit Helga hatte. Wir waren uns nicht sicher, ob diese Differenzen überhaupt noch mal zu überbrücken waren.

Wieder zu Hause angelangt, sollte Angus die Haustür anzeigen. Obwohl er einen kurzen Blick zur Tür warf, lief er dennoch an ihr vorbei und direkt zu unserem Auto, welches er noch vom Training kannte. Helga reagierte sehr zornig und packte ihn am Halskragen, um mit ihm zu schimpfen. Wir versuchten ihr die Situation zu erklären, warum der Hund zum Auto geführt hatte, aber sie hatte kein Ohr dafür. Sie wollte es nicht hören! Wir erklärten ihr auch, dass sie mit ihrer Einwirkung bei Angus nur das Gegenteil von dem bewirkte, was sie erreichen wollte. Es mangelte Angus nicht an Gehorsam, es mangelte ihm an Vertrauen zu der Blinden.

Wir gingen ins Haus und setzen uns an den Esstisch, um zu reden. Wir fragten zuerst Helga, wie sie die Situation einschätze und wie sie sich die weitere Arbeit vorstellte? Sie meinte, dass man das Training einfach noch einige Wochen fortsetzen müsste und dass sich der Rest schon entwickeln würde. Darauf angesprochen, wie sie sich Angus Verhalten an diesem Morgen erkläre, sagte sie nur: „Der Angus ist halt ein sehr sturer Hund, den man ab und zu richtig rannehmen muss!"

Wir fragten, was sie mit ‚richtig rannehmen' meine? Darauf erwiderte sie, dass ihr Lebensgefährte ihr geraten hatte, Angus bei Ungehorsam mit der Flexi-Leine auf den Kopf zu schlagen. Wir waren fassungslos und entsetzt! Hatten wir doch Helga immer wieder erklärt, wie ein Führhund zu korrigieren sei - dem Hund die Flexi-Leine auf den Kopf zu schlagen, zerstört hingegen das wachsende Vertrauen. Ohne Vertrauen ist jedoch keine gemeinsame Führarbeit möglich.

Danach stand der Entschluss für uns fest, dass wir Angus heute hier raus holen würden. Wir erklärten Helga sehr ausführlich unsere Gründe für diese Entscheidung. Sie war jedoch gar nicht damit einverstanden, da sie Angst hatte, danach nie wieder einen Blindenführhund bekommen zu können. Wir versuchten ihr klar zu machen, dass dies eine Entscheidung der Krankenkasse sei und nicht die unsere. Wir waren der festen Überzeugung, dass sich auch durch einige Wochen Trainings, die Situation mit Angus nicht verbessern würde, da Helga unsere Anweisungen nicht befolgte, sondern lieber auf andere Ratgeber, wie ihren Lebensgefährten, hörte.

Eine Blindenführhundversorgung kann unserer Ansicht nach nur von Erfolg gekrönt sein, wenn der Blinde dem Trainer vertraut und seine Anweisungen umsetzt. Auch dieses Argument wollte Helga nicht verstehen.

Wir nahmen Angus an die Leine, baten noch um Aushändigung des Führgeschirrs und seiner Unterlagen und verließen das Haus. Angus lief freudig mit uns mit und drehte sich nicht einmal mehr um!

Angus hat seinen Dienst als Blindenführhund bei einer anderen sehbehinderten Frau aufgenommen und die Beiden sind heute noch ein tolles Gespann.

Rusty – Mein exotischster Blindenführhund

Zu Rusty kamen wir durch ganz besondere Umstände. Eines Tages erhielten wir einen Anruf einer Familie, die uns einen zehn Wochen alten Golden-Retriever-Mix anbot. Sie hatten den Hund ursprünglich für ihren Sohn angeschafft. Dieser hatte sich aber kurzfristig dazu entschlossen, ein Internat zu besuchen und so wollten sie den Hund dorthin geben, wo er eine sinnvolle Aufgabe erfüllen konnte.

Die Familie besuchte uns am darauffolgenden Wochenende mit Rusty. Als sie hereinspazierten sahen wir sofort, dass es sich nicht um einen Golden-Retriever-Mix handelte. Rusty war unserer Ansicht nach eine Mischung zwischen einem weißen Schäferhund und einem Nova-Scotia-Duck-Tolling Retriever, einer seltenen Retrieverart. Im Verlauf des Gesprächs lernten wir die Familie und Rusty näher kennen und entschlossen uns, den Welpen zu uns zu nehmen. Rusty erwies sich als leichtführiger Hund, der viel Freude am Lernen hatte. Er wurde von unserem eigenen Rudel, bestehend aus drei Labradoren und einer Schäferhündin, gut aufgenommen und entwickelte sich prächtig.

Eines Abends kamen wir von einem Termin nach Hause. Rusty war zu diesem Zeitpunkt gerade einmal sechs Monate alt und ich sah sofort, dass es ihm nicht gut ging. Er saß mit hängendem Kopf da und würgte. Als Rusty Blut erbrach, bekam ich es mit der Angst zu tun. Wenn ein Hund Blut erbricht, denke ich sofort an eine Vergiftung und damit an einen lebensbedrohlichen Zustand. Obwohl es schon 21.30 Uhr war, rief ich sofort unsere Tierklinik an und erreichte glücklicherweise unsere Tierärztin auf Anhieb. Ich schilderte Rustys Zustand und sollte umgehend zur Klinik kommen. Die Fahrt kam mir wie eine Ewigkeit vor, denn ich bangte die ganze Zeit um Rusty's Leben. Endlich erreichten wir die Klinik und brachten ihn sofort ins Behandlungszimmer. Die Ärztin überprüfte Kreislauf, Puls und Atmung und untersuchte das Erbrochene, das wir mitgebracht hatten. Rusty schien sehr geschwächt und da wir nicht wussten, warum es ihm so schlecht ging, musste die Ärztin durch systematische Abklärung seines Zustandes die notwendigen Hilfsmaßnahmen entscheiden. Rusty bekam sofort eine Infusion und kreislaufstabilisierende Medikamente. Ich beobachtete ihn die ganze Zeit und stellte nach einer Weile fest, dass er sich etwas beruhigte und entspannte. Die Ärztin schlug vor, mit der Infusion zu Hause fortzufahren, um den Flüssigkeitsverlust auszugleichen. Rusty sollte nochmal am nächsten Tag in der Klinik vorgestellt werden.

Wir fuhren nach Hause und ich richtete mir mit Rusty und seiner Infusionsflasche ein Nachtlager auf dem Boden ein. Ich wachte die ganze Nacht über ihn und hatte das Gefühl, dass es Rusty durch die zwei Infusionen schon besser ging. Am nächsten Morgen lief er schon wieder ganz munter durch den Garten. Die Kontrolle in der Tierklinik führte auch zum Ergebnis, dass er wieder genesen war. Die Ursache seiner schlechten Verfassung konnte jedoch nie geklärt werden. Ich war überglücklich, dass es ihm wieder gut ging!

Wenn man einen Welpen großzieht, um ihn als Blindenführhund auszubilden, entwickelt man eine sehr enge Bindung zu ihm, weil man den Hund die wichtigste Phase seines Lebens begleitet. Man setzt in dieser Phase alles daran, dass aus diesem Welpen ein wesensfester und sozialverträglicher Zeitgenosse wird, der später einem Sehbehinderten das Leben erleichtern soll. Wenn man dann so etwas erlebt wie mit Rusty, wird die Bindung noch stärker. Deshalb wurde Rusty auch nach Abschluss seiner Ausbildung von einer anderen Trainerin bei dem sehbehinderten Besitzer eingeschult. Die Bindung zwischen Rusty und mir war so eng geworden, dass der Sehbehinderte keine Chance gehabt hätte, wenn ich die Einschulung persönlich vorgenommen hätte. Es war die richtige Entscheidung, denn nach einer kurzen Übergangszeit von nur vier Wochen hatte Rusty dann so eine enge Bindung zu seinem sehbehinderten Besitzer aufgebaut, dass er diesen kaum aus den Augen ließ.

Rusty ist einer der Blindenführhunde die ich nie in meinem Leben vergessen werde und dessen Abgabe mir sehr schwergefallen ist. Ein Glück, dass er zu einem sehr netten Menschen gekommen ist, der ihn auch zu schätzen weiß!

Hanna – Mobilität auf vier Pfoten

Als wir Hanna, eine elf Monate alte blonde Labradorhündin kennenlernten, wohnte sie bei einer Familie mit Kindern. Die Familie musste sich schweren Herzens von Hanna trennen, weil ein Umzug anstand und Hanna nicht mitgenommen werden konnte. Hanna zeigte sich uns gegenüber sehr offen und freundlich und als wir mit ihr in die Stadt gingen, blieb sie in allen Situationen gelassen. Wir nahmen die Hündin mit in unsere Blindenführhundschule. Sie lebte sich schnell bei uns ein und wir begannen mit dem Training.

Hanna lernte schnell und freute sich über jede neue Aufgabe, die wir ihr stellten. Als wir sie mit zwölf Monaten zur Gesundheitsuntersuchung bringen konnten, hofften wir sehr, dass Hanna die gesundheitlichen Anforderungen eines Blindenführhundes erfüllen würde. Als wir das Ergebnis bekamen waren wir sehr froh, denn Hanna hatte gesunde Hüften und Ellenbogen, ihre Augen wiesen keinerlei Erkrankungen auf und auch die Blut und Urinwerte sowie die Kontrolle des Herzens zeigten keine krankhaften Veränderungen.

Nun konnte die Ausbildung richtig losgehen. Nachdem Hanna über die Hälfte der Ausbildung hinter sich hatte, bekamen wir Besuch von Frank, einem Mann der auf eine sehr tragische Weise erblindet war. Bevor wir uns über das eigentliche Thema Blindenführhund unterhielten, erzählte uns Frank von dem Tag an dem er blind geworden war.

Es war zwei Tage nach seiner Pensionierung geschehen. Frank war schon immer sehr sportlich gewesen und hatte in der Leichtathletik bereits einige Titel errungen. Er betrieb diesen Sport aber nur als Hobby, weil er immer schon Spaß an der Bewegung hatte. So war Frank sehr gut durchtrainiert, was ihm an diesem Tag wohl das Leben rettete. Er war außerdem Mitglied im Schützenverein und da am folgenden Wochenende ein Turnier stattfinden sollte, wollte er an einem schönen Sommertag seine neue Sportwaffe testen. Als er die Waffe entsicherte und auf das Ziel richtete, geschah das Unfassbare. Bevor Frank das Ziel richtig anvisieren konnte, löste sich versehentlich ein Schuss. Da der Schuss nicht auf das Ziel gerichtet war, wurde Frank von einem Querschläger in den Kopf getroffen. Dabei wurden wichtige Hirnareale zerstört, so wie auch der Sehnerv beider Augen. Frank überlebte nur deshalb die schweren Verletzungen, weil er so durchtrainiert und fit war. Nach einer langen Zeit des Bangens war klar, dass er wieder auf die Beine kommen würde, aber es war auch klar, dass er sein Augenlicht für immer verloren hatte.

Frank hatte große Probleme seine Blindheit anzunehmen, denn in seinem bisherigen Leben war er ein sehr erfolgreicher Manager gewesen, der nicht nur im Beruf, sondern auch im Sport zahlreiche Erfolge erzielt hatte. Er war es nicht gewohnt auf andere angewiesen zu sein und auf einmal war alles ganz anders. Vor dem Unfall hatte Frank mit seiner Ehefrau Reisepläne geschmiedet. Sie wollten schon immer um die Welt reisen und diesen Traum, jetzt wo er Rentner war, endlich verwirklichen. Jetzt war das alles nicht mehr so leicht möglich, denn Frank war nicht nur blind, sondern hatte auch noch andere Verletzungen erlitten, die einer intensiven Pflege bedurften. Es riss ihm buchstäblich den Boden unter den Füßen weg. Allein seiner Frau und seinen erwachsenen Kindern war es zu verdanken, dass er sich nach dem Verlassen der Reha Klinik langsam wieder aufraffen konnte. Seine Frau war es auch, die auf den Gedanken gekommen war, einen Blindenführhund für ihn anzuschaffen. Dadurch, so ihre Hoffnung, würde Frank einen Teil seiner Unabhängigkeit endlich wieder erlangen.

Nachdem wir diese Geschichte gehört hatten, hofften wir umso mehr, dass wir Frank und seiner Frau dabei würden helfen können. Wir stellten ihm verschiedene Hunde vor, unter anderem auch die Labradorhündin Hanna. Frank mochte Hanna von Anfang an, denn ihr freundliches Wesen und ihre unbändige Freude waren geradezu ansteckend. Wir gingen dann mit Frank und Hanna spazieren und danach war er davon überzeugt, dass Hanna gut zu ihm passen würde.

Die Ausbildung von Hanna ging voran und nach weiteren drei Monaten legte sie die Abschlussprüfung ab. Hanna hatte sich zu einer richtigen Persönlichkeit entwickelt, die Arbeit als Blindenführhund machte ihr viel Spaß und lastete sie gut aus.

Die Einschulung wurde direkt am Wohnort von Frank vorgenommen. Die ersten Tage waren für die Beiden sehr anstrengend, denn Frank musste sich erst wieder daran gewöhnen, täglich mehrere Stunden unterwegs zu sein. Bei Hanna klappte die Umstellung ganz gut und ihre Bindung zu Frank wurde von Tag zu Tag stärker.

Die größten Probleme hatte Frank mit seiner Orientierung. Daher trainierten wir alle Wege sehr häufig und nach zwei Wochen waren die Beiden in der Lage, den Weg zum Spazieren, zum Hausarzt und in den nahgelegenen Wald selbständig zurück zulegen. Frank war von der Zusammenarbeit mit Hanna begeistert und freute sich über seine wiedergewonnene Unabhängigkeit. Wir ließen die Beiden dann erst einmal alleine, damit sie durch die regelmäßigen Führgänge mehr Routine und Sicherheit bekommen würden.

Nach drei Wochen kamen wir zurück, um uns noch einmal ein Bild über die Führarbeit zu machen. Frank und Hanna waren ein gutes Team geworden und meisterten die bekannten Wege routiniert. Wenn Frank's Konzentration einmal nachließ, nutzte es Hanna aus und führte ihn in die von ihr gewünschte Richtung. Meist bemerkte er es aber nach kurzer Zeit und gab Hanna das Kommando zur Umkehr, was sie direkt befolgte. So kamen die Beiden, früher oder später, immer sicher ans Ziel.

Zwei Tage später stand die Gespannprüfung an. Die Prüferin gab Frank sofort das Gefühl, dass er nichts Schlimmes zu befürchten hatte. Die Prüfung führte zunächst zum Spazierweg. Nach mehreren Straßenüberquerungen führte der Weg auf das Feld und danach wieder auf den Gehweg an der Straße. Während der gesamten Zeit der Einschulung hatte Hanna gelernt nach dem Ende des Feldweges immer den rechten Bordstein aufzusuchen. An diesem Tag war dann alles anders. Anscheinend war Frank doch nicht ganz so ruhig, wie er sich gegeben hatte und merkte gar nicht, dass Hanna den linken statt den rechten Bordstein ansteuerte. Nun waren sie auf der falschen Straßenseite unterwegs und Frank hatte es immer noch nicht bemerkt. Erst als wir bereits zwei weitere Seitenstraßen überquert hatten, bemerkte Frank wo er war. Er stoppte kurz, um sich seinen Standort von der Prüferin bestätigen zu lassen und setzte dann den Prüfungsweg fort. Als wir dann auf dem Fahrradweg Richtung Hausarzt unterwegs waren, kam uns eine Reiterin mit einem Pferd entgegen. Hanna führte Frank an den rechten Rand des Weges und hielt an. Sie wartete, bis das Pferd vorbei war und setzte dann ihren Weg fort. Danach ging es über eine

Ampelkreuzung und weiter an der Hauptstraße entlang bis zu einer schwierigen Straßenüberquerung. Diese Überquerung führte über eine Mittelinsel auf die andere Seite. Da der Verkehr hier aus Rechts- und Linksabbiegern bestand, wartete Frank so lange, bis er kein Verkehrsgeräusch mehr hörte und schickte Hanna zur Überquerung. Da sich noch ein Fahrrad näherte, blieb Hanna solange stehen bis es vorbei war und überquerte erst dann die Straße. Frank verstand nicht, warum Hanna noch einen Augenblick zögerte, hörte aber kurze Zeit später das vorbeifahrende Fahrrad und lobte Hanna dafür, dass sie stehen geblieben war. Der Weg führte dann noch einige hundert Meter geradeaus und nach einer Linkskurve konnte man bereits den Eingang der Arztpraxis sehen. Hanna führte zielstrebig dorthin. Auf dem Rückweg ließ sich die Gespannprüferin noch andere Nahziele anzeigen, wie den Briefkasten und den Bankautomaten. Nach einer Stunde waren wir wieder zu Hause angekommen und nun sollte Hanna noch zeigen, ob sie den Abgrund am Bahnhof verweigerte. Auch diese Aufgabe meisterten die Beiden und die Prüferin gratulierte Frank zu seiner bestandenen Gespannprüfung. Die Abschlussbesprechung fand bei Frank zu Hause statt. Die Prüferin lobte die Zusammenarbeit zwischen Hanna und Frank, denn schließlich waren sie erst wenige Wochen ein Team. Dass sich die Beiden miteinander wohlfühlten, erkannte man auch, wenn man sie beobachtete. Hanna hatte sich zu Hause sofort an die Füße von Frank gelegt und war eingeschlafen. Frank kraulte Hanna immer mal wieder am Ohr und sie grunzte im Schlaf. Es war einfach ein sehr schönes Bild die Beiden so vertraut miteinander zu sehen.

Auch heute legen sie ihre Wege gemeinsam zurück und haben mittlerweile doch einige Reisen unternommen. Da die Familie ein Wohnmobil hat, ist Hanna immer und überall mit dabei. So hat sie auch immer wieder neue Herausforderungen, wenn sie in fremden Städten führen muss. Frank hat durch Hanna mehr Unabhängigkeit bekommen und dankt Hanna dies mit ausgedehnte Spaziergängen und einem schönen zu Hause!

Charly – Ein einfühlsamer Labradorrüde

Charly wurde im Oktober des Jahres 2006 in unserer Blindenführhundschule geboren. Er wuchs bei mir auf und wurde von Anfang an auf seine künftige Arbeit als Blindenführhund vorbereitet. Charly war ein leicht zu führender, blonder Labradorrüde, der seiner Arbeit mit viel Freude und Eifer nachgeht. Aufgrund seines Einfühlungsvermögens kam Charly dem Ideal eines Blindenführhundes sehr nahe.

Als eines Tages eine junge sehbehinderte Frau zu uns kam, hatte ich sofort das Gefühl, dass Charly sehr gut zu ihr passen könnte. Die sehbehinderte Vanessa hatte vor einigen Wochen ihren ersten Blindenführhund verloren. Teddy war ein stattlicher schwarz-brauner Schäferhundrüde gewesen. Der Verlust von Teddy war Vanessa jetzt noch anzumerken und sie hatte Tränen in den Augen, wenn sie von ihm erzählte. Teddy war von heute auf morgen an einem Tumor gestorben und es gab vorher keinerlei Anzeichen einer Erkrankung. Da Vanessa sich noch nicht sicher war, ob sie einen Schäferhund oder einen Labrador haben wollte, stellten wir ihr Charly vor. Als Charly ins Zimmer kam, stürmte er sofort zu Vanessa und legte sich an ihre Füße. Sie kraulte ihn und war total begeistert von Charlys ruhiger und freundlicher Art. Vanessa entschied sich für ihn.

Nachdem Charly die Ausbildung abgeschlossen hatte, begann die Einarbeitung mit Vanessa. In der Einarbeitung übten wir alle Wege ein, die Vanessa benötigte. Dazu gehörten der Weg zur Arbeitsstelle, in die Stadt, in verschiedene Geschäfte und nicht zuletzt zum Reiterhof, wo ihr Pferd untergestellt war. Vanessa besaß einen wunderschönen großen schwarzen Wallach namens Beauty, der als Dressurpferd ausgebildet war. Als wir das erste Mal zum Reitstall kamen, war ich sehr gespannt, wie Charly auf Beauty reagieren würde. Da der vorherige Führhund auch immer mit im Stall gewesen war, kannte Beauty Hunde und hatte auch kein Problem mit ihnen. Als wir in den Stall kamen und zur Box gingen, war Charly neugierig und aufmerksam. Vanessa öffnete die Box und Charly sah das riesengroße schwarze Pferd - er war sichtlich beeindruckt. Nachdem Charly sich Beauty eine Zeitlang beim Striegeln angeschaut hatte, ging er auf ihn zu und schnüffelte an seinen Vorderbeinen. Beauty nahm den Kopf herunter und schnaubte Charly in die Ohren. Daraufhin leckte Charly ihm über die Nüstern und das Unglaubliche geschah: Beauty leckte Charly über die Schnauze und wir wussten, dass das der Anfang einer guten Freundschaft war. Von da an hatte Charly einen neuen Lieblingsweg, nämlich den Weg in den Stall. Während Vanessa ihre Reitstunde absolvierte, wartete Charly in Beautys Box. Diese Zeit nutzte Charly dann immer, um Beauty's Pferdeäpfel zu futtern und danach ein Nickerchen zu halten. Nach Beendigung der Reitstunde brachte Vanessa Beauty wieder in seine Box und anschließend machte sie sich mit Charly auf den Rückweg nach Hause.

Am Ende der Einarbeitung hatte sich zwischen Vanessa und Charly eine intensive und enge Bindung entwickelt. Ein halbes Jahr später wurde Vanessa schwanger. Charly bemerkte die Veränderung sofort und passte sein Verhalten den neuen Umständen an. Hatte er aus anfänglichem Übermut Vanessa zuvor immer angesprungen und stürmisch begrüßt, so tat er dies nun nur noch in der zurückhaltenden Version, er schwänzelte um sie herum und stupste sie an.

Auch in der Führarbeit zeigte er eine Veränderung. Er führte noch umsichtiger als vorher, so dass er zum Beispiel bei einem engen Weg so nah an der Wand ging, dass er mit dem Führgeschirr an der Wand entlang schrubbte, nur damit Vanessa nichts passierte. Diese Übervorsichtigkeit verunsicherte Vanessa und sie rief mich an und bat um Hilfe. Ich besuchte sie, um mir das Verhalten von Charly anzuschauen. Als Charly wieder extrem eng an der Wand entlang führte, obwohl noch genug Platz war, schimpfte Vanessa ihn aus. Das verunsicherte Charly noch mehr, denn er hatte nichts falsch gemacht, sondern nur versucht es besonders gut zu machen. Als ich Vanessa erklärte, dass sie Charly in dieser Situation nicht mehr schimpfen sollte, sondern dann loben, wenn er weiter weg von der Wand ging, stellte Charly sein Verhalten wieder um. Das Wissen darum, dass Charly aufgrund der veränderten Hormonsituation seiner sehbehinderten Besitzerin auch seine Führarbeit angepasst hatte, änderte auch Vanessa's Einstellung zu diesem Verhalten. Vorher hatte sie sich über das zu enge an der Wand gehen geärgert und diesem Ärger mit schimpfen Luft gemacht. Durch die Einsicht, dass Charly es nur besonders gut machen wollte, hatte sie nun Verständnis für seine Reaktion und freute sich über seine Umsichtigkeit. Vanessa hatte es einfach nicht für möglich gehalten, dass ein Hund in so einem frühen Stadium ihrer Schwangerschaft diese bereits registrieren und darauf reagieren würde.

Als sich Charly vor einigen Monaten bei dem Besuch von Vanessa's Freundin anders verhielt wie zuvor bei den Besuchen, empfahl Vanessa ihrer Freundin einen Schwangerschaftstest durchführen zu lassen. Das Ergebnis war für Vanessa nicht überraschend, aber für die Freundin, denn diese war bereits im zweiten Monat schwanger und Charly hatte es als erster registriert!

Sunny – Eine Hündin reagiert allergisch

Als Sunny, eine blonde Labradorhündin, in unserer Blindenführhundschule geboren wurde, wussten wir noch nicht, ob sie sich einmal als Blindenführhund eignen würde. Mit einem Alter von neun Wochen zog Sunny in ihre Patenfamilie um. Die Patenfamilie lebte mit ihren beiden Kindern und der Hovawarthündin Lilly zusammen. Die kleine Sunny fügte sich gut in die Familie ein und als ich sie mit vier Monaten wieder sah, hatte sie sich sehr gut entwickelt. Ich zeigte der Patenfamilie bereits einige Grundübungen für die spätere Ausbildung als Führhund. So vergingen die Monate und als ich Sunny mit zwölf Monaten zurückbekam, hatte sie sich zu einer schönen Labradorhündin mit einem sehr guten Grundgehorsam entwickelt. Nach der bestandenen Gesundheitsuntersuchung konnten wir mit der Ausbildung loslegen. Sunny lernte schnell, denn sie war eine sehr gelehrige und aufmerksame Hündin.

Nach Beendigung ihrer Ausbildung hatten wir einen blinden Mann namens Gregor für sie ausgesucht. Gregor war ein älterer Mann, der alleine lebte und sehnsüchtig auf seinen Blindenführhund wartete. Als die Einschulung begann merkten wir, dass Gregor vorher nicht so viel unterwegs gewesen war, denn seine Kondition ließ zu wünschen übrig. Da wir eine solche Situation schon häufiger erlebt haben und die Betroffenen sehr schnell eine gute Kondition aufgebaut hatten, sorgte uns das nicht wirklich. Was uns mehr Sorgen bereitete, war der seelische Gemützustand von Gregor. Er lebte alleine und hatte wenig Kontakt zu anderen Menschen. Durch seine Blindheit fiel es ihm auch sehr schwer, auf andere zuzugehen. Darüber hinaus belastete ihn die Trennung von seiner Ehefrau. Gregor redete ständig von seiner Hoffnung, dass seine Frau wieder zu ihm zurückkehren würde und dass sein Leben dann wieder in Ordnung wäre.

Während der zweiwöchigen Einarbeitung besserte sich Gregors Gemütszustand durch die Anwesenheit von Sunny. Die tägliche Führarbeit und die Zusammenarbeit mit der Trainerin machten ihm viel Freude. Nach Beendigung der Einarbeitung folgte die Gespannprüfung, die die Beiden auch meisterten. Zwei Wochen danach telefonierten wir mit Gregor und erkundigten uns über die Führarbeit mit Sunny. Da es die letzten Tage stark geregnet hatte, war Gregor nur kurz mit

Sunny spazieren gewesen und hatte auch nur kurze Führgänge unternommen. Dadurch war Sunny nicht ausgelastet und brachte Gregor ständig ihr Spielzeug, um ihn zum Spielen aufzufordern. Er aber ignorierte die Aufforderung und Sunny begann sich mit sich selbst zu beschäftigen. Dass dies der Anfang einer langen Krankheitsgeschichte werden sollte, ahnte zu diesem Zeitpunkt noch niemand. Natürlich sagten wir Gregor, dass er seinen Führhund stärker auslasten musste, denn schließlich war Sunny ein junger Arbeitshund, der gefordert werden wollte.

Bei den regelmäßigen Telefonaten mit Gregor erzählte er uns immer wieder von seinen Aktivitäten mit Sunny und wir hatten den Eindruck, dass sie jetzt mit der Führarbeit und mit seinen täglichen Spaziergängen ausgelastet war.

Einige Monate später erzählte uns Gregor, dass sich Sunny seit einigen Wochen immer wieder an den Füßen leckte und sich permanent kratzte. Wir rieten ihm zu einem Arztbesuch und baten ihn um Rückmeldung. Am Ende der Woche meldete sich Gregor und berichtete, dass die Tierärztin Sunny eine Salbe gegen den Juckreiz gegeben hatte und er sie nun damit behandeln würde. Wir fragten wie die Führarbeit lief und Gregor war sehr zufrieden damit. Er versicherte uns auch, dass er nun jeden Tag einen längeren Spaziergang unternehmen würde. Wir fanden das einen guten Anfang, versuchten ihm aber klar zu machen, dass Sunny mindestens drei lange Spaziergänge benötigte, damit sie genug Bewegung und Ausgleich zur Führarbeit hatte.

Ein weiteres Problem war, dass Gregor sich immer noch nicht traute, Sunny von der Leine los zu machen. Er hatte massive Angst, dass sie weglaufen und nicht mehr zurückkommen würde. Wir versuchten ihn zu ermutigen, denn in der Einschulung hatten wir sie jeden Tag frei laufen lassen und sie war immer gekommen, wenn Gregor sie gerufen hatte. Er musste sich und seinem Hund einfach mehr zutrauen!

Gregor informierte uns auch weiterhin immer regelmäßig über die Zusammenarbeit mit Sunny und auch darüber, dass er immer noch die Salbe für die Pfoten verwendete. Wir wunderten uns darüber, denn normalerweise sollte eine Pfotenbehandlung nach einigen Wochen beendet sein und deshalb vereinbarten wir einen Besuchstermin mit Gregor.

Als wir in Gregors Wohnung kamen und Sunny erblickten, waren wir geschockt! Sunny war am ganzen Körper feuerrot und ihre Pfoten waren auf die doppelte Größe angeschwollen und entzündet. In diesem Moment wussten wir, dass wir Sunny heute mitnehmen und in unserer Tierklinik vorstellen mussten, um die Ursache für diese schwere Entzündung heraus zu bekommen. Wir konnten Gregor auch sehr schnell davon überzeugen, dass Sunny in diesem gesundheitlichen Zustand ihrer Führarbeit nicht nachkommen konnte. Wir nahmen Sunny mit und fuhren direkt zu unserer Tierklinik. Dort angekommen wurde sie von Kopf bis Fuß untersucht. Unsere Tierärztin riet uns zuerst einmal die Entzündung aus dem Körper zu bekommen und danach nochmals eine eingehende Untersuchung vornehmen zu lassen. Als wir Sunny mit unseren Hunden zusammen ließen, zeigte sie sich sehr unsicher und wir mussten sie langsam wieder an den Umgang mit Artgenossen gewöhnen. Wir fragten bei Gregor nach, ob Sunny denn in den letzten Monaten regelmäßig mit Artgenossen gespielt hatte und er verneinte. Er hatte sich nie getraut sie frei laufen zu lassen und daher hatte sie auch keine Möglichkeit gehabt, sich am Spiel mit anderen Hunden zu beteiligen. Innerhalb der nächsten drei Wochen wurde Sunny wieder sicherer im Umgang mit Artgenossen und hatte jetzt auch wieder Spaß am Spiel mit ihnen.

Nach insgesamt fünf Wochen waren die Symptome abgeheilt und Sunny's Haut hatte wieder eine normale Farbe angenommen. Sie wurde wieder aktiver und wir konnten sie zum täglichen Führtraining mitnehmen. Nach einer weiteren Untersuchung in unserer Tierklinik und Feststellung einer Futterunverträglichkeit wurde die Fütterung auf hypoallergenes Futter umgestellt und Sunny machte wieder einen rundherum gesunden Eindruck.

Nun waren knapp zwei Monate seit der Übernahme vergangen und Gregor wollte seinen Hund endlich wieder haben. Es war in der letzten Zeit für ihn sehr mühsam gewesen alle Wege mit seinem Blindenstock zurückzulegen. Außerdem gab er zu, dass er ohne Sunny keine alleinigen Spaziergänge unternahm und ihm die Bewegung fehlte.

Wir brachten Sunny wieder zu ihm und trainierten auch noch einmal mit Gregor. Während der dortigen Trainingstage machte ich eine ungewöhnliche Beobachtung, die mir große Bauchschmerzen bereitete. Als wir an einem Tag eine Pause in einem Café einlegten, erzählte uns Gregor zum wiederholten Male von der traurigen Vergangenheit seiner Ex-Frau. Während er diese Geschichte erzählte, in der es um die gewalttätigen Eltern seiner Ex-Frau und dem von ihr miterlebten Mord an ihrer eignen Mutter ging, lag Sunny schlafend neben Gregor und gab herzzerreißende Winselgeräusche von sich. Diese Geräusche verstummten, als Gregor seine Erzählung beendet hatte. Ich hatte so etwas noch nie zuvor erlebt, denn Sunny zeigte eine sehr starke Reaktion auf den seelischen Gemütszustand von Gregor. Dieses Erlebnis berührte mich zutiefst und ich machte mir jetzt wirklich große Sorgen darüber, ob der eigentliche Auslöser von Sunny's allergischer Reaktion, diese seelische Belastung war. Ich war in der Zwickmühle! Einerseits hatte ich das Gefühl, dass Sunny durch Gregor krank geworden war, andererseits hatte ich aber keinen handfesten Beweis und musste Gregor noch eine zweite Chance geben.

Bevor wir Gregor mit Sunny alleine ließen, hatten wir noch der am Wohnort befindlichen Tierärztin den Behandlungsbericht von Sunny übersandt, damit sie auf dem neuesten Stand war. Leider dauerte es keine zwei Tage als der Anruf von Gregor kam, dass Sunny wieder anfing, sich in ihre Pfoten zu beißen. Wir fuhren zwei Tage später nochmals zu Gregor, um gemeinsam mit ihm und Sunny zur ortsansässigen Tierärztin zu fahren. Als sich die Ärztin Sunny angesehen hatte, diagnostizierte sie erneut eine Entzündung durch das ständige Beißen und Lecken an den Pfoten und verschrieb Cortison. Gregor fragte sich, woher die Symptome kamen und warum sie wieder aufgetreten waren. Diese hatten augenscheinlich nichts mit Sunny's Futterallergie zu tun. Wir überlegten, ob sich in Gregor's Wohnung irgendetwas befand, was diese Reaktion auslöste, aber Gregor hatte in der ganzen Wohnung Laminat. Es war sehr unwahrscheinlich, dass Sunny auf das Laminat reagierte. Irgendetwas musste es jedoch sein, denn als wir Sunny zurück gebracht hatten war sie gesund und kratzte sich nicht an den Pfoten herum.

Wir fuhren nach Hause und berieten das weitere Vorgehen. Uns war allen klar, dass Sunny nicht ständig mit Cortison behandelt werden konnte. Wir wollten nun erst einmal abwarten, wie lange die Behandlung dauern würde und ob die Symptome schnell wieder verschwinden würden. Danach mussten wir versuchen, die wirkliche Ursache für die Beschwerden herauszufinden. Während der Behandlung standen wir in sehr engem Kontakt zu der ortsansässigen Tierärztin von Gregor, damit diese uns immer zeitnah über den Verlauf informieren konnte.

Als ich wieder einmal mit der Helferin der Ärztin sprach, machte diese eine Andeutung, warum Sunny an den Pfoten kratzte. Sie kannte Gregor schon sehr lange und hatte sich durch die häufigen Behandlungen ein Bild von ihm und seinem Hund gemacht. Sie hatte den Eindruck, dass Sunny nicht ausgelastet war und sich deshalb aus Langeweile das Kauen an den Pfoten angewöhnt hatte. Auch ich hatte bei meinem letzten Besuch den Eindruck gewonnen, dass Sunny neben der seelischen Belastung durch Gregor's Gemütszustand, auch zu wenig Beschäftigung und Auslauf bekam. Für uns war es zwar ersichtlich, dass Gregor seine Hündin liebte und alles für sie machen würde, andererseits aber fiel es ihm immer noch schwer, längere Spaziergänge zu unternehmen und Sunny frei laufen zu lassen. Seine Angst, dass Sunny weg lief, war zu groß und so blieb sie immer an der Leine und konnte sich nicht richtig austoben. Wir mussten eine gemeinsame Lösung finden, denn Sunny konnte unter diesen Umständen unmöglich weiter für Gregor als Blindenführhund arbeiten. Wir wussten, dass es viel Ärger geben würde, wenn wir Sunny von Gregor wegholen würden. Aber was gab es für eine Alternative? Der Zusammenhang zwischen der allergischen Reaktion und Gregor war zu offensichtlich. Sunny war vor der Abgabe als Blindenführhund absolut gesund gewesen und hatte auch während der Aufzucht in der Patenfamilie zuvor keinerlei Allergien gezeigt. Erst nach Abgabe an Gregor war die Allergie ausgebrochen und nachdem wir Sunny wieder gesund gepflegt und an Gregor zurückgegeben hatten, war die Allergie erneut ausgebrochen.

Nach einem ausführlichen Gespräch mit der ortsansässigen Tierärztin, die sich ebenfalls dafür aussprach Sunny aus dem Dienst zu nehmen, stand nun das schwierige Gespräch mit Gregor an. In dem ausführlichen Gespräch in dem wir alle Seiten noch einmal beleuchteten, kamen wir letztendlich gemeinsam zu dem Entschluss, dass es das Beste für Sunny sei, wenn wir sie aus dem Dienst nehmen würden. So schwer Gregor diese Entscheidung fiel, so war ihm die Gesundheit von Sunny doch wichtiger als seine eigenen Interessen. Dann mussten wir uns noch mit der zuständigen Krankenkasse von Gregor auseinandersetzen. Letztendlich mussten sie der Ausmusterung von Sunny zustimmen, da ein eindeutiges Gutachten der behandelnden Tierärztin vorlag, die einen weiteren Einsatz als Blindenführhund ausschloss.

Wir haben beschlossen, dass Sunny für den Rest ihres Lebens bei uns bleiben sollte, denn ein weiterer Wechsel wäre mit dem Risiko verbunden gewesen, dass sie vielleicht erneut allergisch reagiert hätte. Sunny hat seit der Übergabe an uns keinerlei allergische Reaktionen gezeigt und die Haut ist vollständig abgeheilt. Da das Beknabbern ihrer Pfoten bereits stereotypische Formen angenommen hat, müssen wir sie immer noch genau beobachten, um dieses Verhalten schon im Ansatz unterbinden zu können. Sunny reagiert sehr gut auf das Abbruchsignal und wir geben die Hoffnung nicht auf, dass sie das Beknabbern irgendwann ganz einstellen wird und zu einem ‚normalen' Hundealltag zurückkehren kann!

Matilda – Das Energiebündel

Als ich Matilda, eine einjährige schwarze Labradorhündin, zur Ausbildung auswählte, ahnte ich noch nicht, welche Energie in so einer schmalen kleinen Labradorhündin stecken kann. Matilda war zu Beginn der Ausbildung ein überschäumender Labrador. Was bedeutete, dass sie alle Grenzen testete und eine Energie hatte, die man in die richtigen Bahnen lenken musste. Da sie ein gutes Lernverhalten mitbrachte, dachte ich, dass sie im Laufe der Ausbildung ruhiger werden würde. Nachdem sie gut die Hälfte der Ausbildung hinter sich hatte, wurde Matilda kastriert. Dafür brachte ich sie morgens in die Tierklinik und holte sie dann gegen Nachmittag wieder ab. Als in der Tierklinik ankam traute ich meinen Augen nicht, denn Matilda begrüßte mich freudig und hellwach, als wäre nichts gewesen. Sie wollte sogar schon wieder ins Auto hüpfen, was ich allerdings noch rechtzeitig verhindern konnte, schließlich hatte sie eine frische Operationsnarbe am Bauch.

Zu Hause angekommen dachte Matilda nicht daran zu schlafen! Sie lief putzmunter im Haus herum und suchte nach Fressen. Ich habe schon viele Hündinnen nach der Kastration gesehen, aber das eine Hündin direkt danach so fit war, war doch recht ungewöhnlich, aber wiederum typisch für Matilda. Nachdem sie eine Stunde umher gelaufen war, legte sie sich doch auf ihre Decke und schlief die ganze Nacht durch. Die Operationsnarbe heilte schnell und das war auch gut so, denn Matilda wollte am liebsten sofort wieder arbeiten. Am sechsten Tag nach der Operation nahm ich sie wieder mit zum Training und machte einen kurzen Führgang. Sie freute sich so sehr über den Bügel, dass sie die ersten Meter wie ein Zugpferd voran lief und erst danach wieder ihr ‚normales' Arbeitstempo einlegte.

Während der Ausbildung hatte ich bereits nach einem geeigneten blinden Besitzer für Matilda gesucht und auch gefunden. Es war ein blinder Mann mittleren Alters, der mit seiner Frau und den beiden fast erwachsenen Kindern zusammenlebte. Der blinde Martin arbeitete in einer Großstadt und hatte einen täglichen Arbeitsweg von insgesamt fast zwei Stunden zu bewältigen, inklusive einer Bus- und Bahnfahrt. Das war genau der richtige Platz für Matilda, denn sie arbeitete sehr gerne und viel und wenn man sie arbeiten ließ, war sie auch zufrieden und ausgelastet. Hatte Matilda zu viel Freizeit, fielen ihr allerhand komische Sachen ein. Beispielsweise grub sie den Garten um, um nachzusehen, ob dort ein jahrhundertalter Knochen tief vergraben lag und nur darauf wartete, von ihr ausgebuddelt zu werden. Sie versuchte immer mal wieder, in einem unbeobachteten Moment, den Kuchen vom Küchentisch zu klauen oder versteckte die Hausschuhe im Garten. Martin musste über diese Späße von Matilda lachen. Er war so dankbar für ihre Hilfe, dass er solche ‚Jugendsünden' tolerierte.

Bei der Einschulung des Gespanns war ich sehr erstaunt gewesen, dass Martin Matilda sofort vertraute und ihr bedingungslos folgte. Ich fragte Martin, warum er sich sofort auf Matilda hatte einlassen können und er erzählte mir sein Schlüsselerlebnis. Erst dieses Erlebnis hatte dazu geführt, dass Martin sich für die Anschaffung eines Blindenführhundes entschieden hatte.

Es war an einem Dienstagmorgen als er sich wie jeden Tag auf den Weg zu seiner Arbeitsstelle machte. Er fuhr zuerst mit dem Zug und musste dann in den Bus umsteigen. Auf dem Weg zur Bushaltestelle befand sich zu dieser Zeit eine Baustelle, die sich täglich veränderte. Er suchte sich mit seinem Blindenstock den Weg durch die Baustelle und dann passierte es: Er hatte wohl mit seinem Blindenstock eine Baugrube übersehen, war gestürzt und mit seiner Hand gegen ein Bauschild geprallt. Bei dem Sturz hatte er noch kurz sein Bewusstsein verloren. Als er wieder zu sich kam, schmerzte sein Handgelenk sehr und er hatte Mühe, wieder auf die Beine zu kommen. Da es noch so früh am Morgen war, war auch noch kein Bauarbeiter auf der Baustelle, der ihm hätte helfen können und so setzte er seinen Weg zur Arbeitsstelle fort. Dort angekommen wurde er von einem Kollegen direkt zum Krankenhaus gefahren und die Ärzte diagnostizierten einen Handgelenksbruch. Das schlimme für ihn war nicht der Bruch an sich, sondern, dass er sich nicht mehr daran erinnern konnte, wie der Unfall zustande gekommen war.

Wenige Tage nach dem Unfall hatte er sich entschlossen einen Blindenführhund anzuschaffen, damit er nie mehr in solch eine Situation kommen würde. Ich verstand nun, warum er sich Matilda sofort anvertraut hatte.
Die Einschulung verlief sehr gut und das Vertrauen wuchs von Tag zu Tag. Die Beiden bekamen sogar die schwierigsten Sachen in den Griff.

Die Baustelle, die immer noch auf dem Arbeitsweg lag und sich täglich veränderte, stellte für Matilda immer wieder eine Herausforderung dar, denn es gab nur den direkten Weg durch die Baustelle. Das bedeutete neben fahrenden Baggern und Lastwagen auch immensen Baulärm, sowie Löcher und Schotter, um die Matilda sorgsam herum führen musste. Hier konnte sie ihre ganzen Fähigkeiten zeigen. Das Gespann arbeitete wirklich gut zusammen. Es machte Spaß, den Beiden beim Arbeiten zuzusehen.

Eine besonders große Herausforderung stellte eine Straßenüberquerung mit einer Mittelinsel dar. Die Besonderheit hierbei war, dass die Überquerung nicht gerade, sondern schräg hinüber führte. Erschwerend kam hinzu, dass die Mittelinsel weder eine Markierung, noch einen Bordstein hatte, um diese als solche zu erkennen. Da Martin keinen Sehrest hatte, musste Matilda diese Aufgabe alleine lösen. Ich hatte eine Idee. Wir bestätigten Matilda immer wieder am Anfang und am Ende der Mittelinsel und so lernte sie nach etlichen Wiederholungen, dass sie dort unbedingt stehen bleiben musste. Matilda begriff dies sehr schnell und zeigte die Mittelinsel immer korrekt an. Martin lobte seinen Führhund ausgiebig und Matilda freute sich sehr darüber. Diese Aufgabe hatten die Beiden also auch bewältigt und so konnte ich sie guten Gewissens alleine lassen.

Noch heute stehe ich in Kontakt mit Martin und erfahre immer mal wieder lustige Geschichten über Matilda. Beispielsweise hat sie bei einer großen Geburtstagsparty die Speisekammer entdeckt, sich an der Geburtstagstorte satt gefressen und war schließlich daneben eingeschlafen.

Als der Gastgeber der Geburtstagsparty die Torte holen wollte und er Matilda vorfand, die ihn schlaftrunken anschaute, war der Anblick so komisch, dass er sogar das Schimpfen vergaß.

Ole – Der Erbstreit

Als Ole als Blindenführhund abgegeben wurde, ahnte keiner was dem schwarzen Labradorrüden noch alles bevorstehen sollte. Ole's Besitzer war ein Mann um die Fünfzig, der zeitlebens ein Problem mit seiner fortschreitenden Erblindung hatte. Besonders die zunehmende Abhängigkeit von anderen Menschen war ihm sehr unangenehm. Als wir ihn kennenlernten und die Einschulung begannen, merkte man jedoch, dass der Hund ihm einen neuen Sinn im Leben gab und er dankbar dafür war, endlich wieder alleine rausgehen zu können. Er genoss die Arbeit mit dem Hund. Ab und zu hatte er noch Schwierigkeiten sich Ole anzuvertrauen oder ihn auch mal energisch zurecht zu weisen, wenn Ole seine Kommandos nicht befolgen wollte. Durch den Führhund war er jedoch gezwungen, jeden Tag raus zu gehen und was zu unternehmen.

Die ersten Monate nach der Abgabe von Ole, veränderte sich der blinde Besitzer zum Positiven. Er war nun jeden Tag unterwegs und machte seine Besorgungen wieder selbstständig. Er freute sich über die neu gewonnene Unabhängigkeit. Im nahenden Winter verschlechterte sich sein Gemütszustand aber wieder. Er bat jetzt immer häufiger seine Lebensgefährtin mit dem Hund raus zu gehen und fühlte sich häufig schlapp und krank. Im Frühjahr wechselte sich dann seine Gemütslage erneut und er war wieder jeden Tag mit Ole unterwegs. Die Jahre zogen dahin und der Kontakt zwischen dem blinden Besitzer und uns blieb immer bestehen. Mittlerweile war Ole sechs Jahre alt und sein blindes Herrchen hatte ein trauriges Jahr hinter sich. Er hatte sich von einem Arzt zum anderen geschleppt und niemand hatte den Grund für seinen schlechten Gesundheitszustand finden können. Er baute von Woche zu Woche mehr ab und wachte eines Morgens nicht mehr auf. Er war gestorben und wir waren fassungslos! Seine Lebensgefährtin verstand die Welt nicht mehr, denn es hatte vor seinem Tod keine Anzeichen für eine lebensbedrohliche Erkrankung gegeben. Wir besuchten sie und sprachen darüber, was nun mit Ole geschehen sollte. Uns war bekannt, dass die Krankenkasse, die den Hund damals finanziert hatte, das Eigentum an Ole auf den blinden Besitzer übertragen hatte. Das hieß, dass Ole zur Erbmasse gehörte - wie skurril! Die Lebensgefährtin wollte Ole natürlich behalten, schließlich war er der

Einzige, der ihr geblieben war und Ole fühlte sich auch sehr wohl bei ihr. Außerdem hatte Ole ebenfalls mit dem Verlust seines Besitzers zu kämpfen und verweigerte drei Tage lang, nach dem Tod des Besitzers, jegliche Nahrung. Danach siegte dann doch der Appetit und der Überlebenstrieb des Labradors und er fraß wieder.

Nun fing der Streit mit der Familie des Blinden an. Dadurch, dass Ole Teil der Erbmasse war, wollten ihn die Kinder des blinden Mannes haben, damit sie ihn zu Geld machen konnten. Ja, Sie haben richtig gelesen, die Erben wollten Ole für viel Geld an einen anderen blinden Menschen verkaufen und damit noch Profit aus dem frühen Tod ihres Vaters schlagen. Es ist unglaublich, wozu Menschen fähig sind! Wir waren über diese Dreistigkeit der Kinder sehr aufgebracht und unterstützten die Lebensgefährtin bei ihrem Versuch, den Hund behalten zu können. Mittlerweile hatten die Kinder des Verstorbenen einen Anwalt eingeschaltet und auch die Lebensgefährtin musste einen solchen zu Rate ziehen. Nach einem Jahr siegte der Anwalt der Erbengemeinschaft und Ole wurde von den Kindern des blinden Mannes abgeholt. Die Lebensgefährtin war am Boden zerstört. Wir verstanden ebenfalls die Welt nicht mehr.

Glücklicherweise haben wir nachträglich erfahren, dass die Erbengemeinschaft Ole nicht mehr verkaufen konnte, weil er derweil schon zu alt geworden war. Daher mussten die Kinder Ole selbst behalten. Bekannte der Familie konnten uns aber beruhigen, dass es dem Hund dort gut gehe und die Kinder ihn mittlerweile lieb gewonnen hatten!

Daja – Der Fitnesscoach

Als ich mit Daja, einer schwarz-braunen Schäferhündin, zur Einschulung fuhr, wusste ich bereits einiges über ihren zukünftigen Besitzer und dessen Lebensgeschichte. Patrick war ein Jahr zuvor in unsere Blindenführhundschule gekommen und hatte sich über die Anschaffung eines Blindenführhundes informiert. Nachdem er schon immer ein Fan von Schäferhunden gewesen war, musste er nur noch seine Familie von den Vorzügen eines Schäferhundes überzeugen. Bei ihrem ersten Besuch bei uns stellten wir ihnen daher auch eine Schäferhündin vor und Patrick war sofort von ihr begeistert. Seine vier Kinder fanden die Hündin niedlich und streichelten sie unaufhörlich. Die Ehefrau war augenscheinlich noch etwas skeptisch und das merkte die Hündin wohl, denn sie lief zu ihr, ließ sich genau vor ihr auf den Rücken fallen und forderte sie so zum Streicheln auf. Da war das Eis gebrochen und die Familie entschied sich für eine Schäferhündin als Blindenführhund. Bei diesem ersten Besuch erfuhren wir auch das Schicksal von Patrick.

Er konnte bis vor einem dreiviertel Jahr noch sehen. Was war passiert? Patrick arbeitete zu dieser Zeit als Ingenieur in einer großen Firma und war für die Inbetriebnahme von Großmaschinen zuständig. Als er an diesem Tag in eine Firma gerufen wurde um ein technisches Problem zu losen, ahnte er noch nichts davon, dass dies sein Leben für immer verändern würde. Patrick war gerade dabei, eine Maschine zu überprüfen und öffnete dafür zwei Druckluftventile. Nur wenn die Maschine abgeschaltet war, konnte man diese gefahrlos öffnen. Aber die Maschine war nicht abgeschaltet und aus dem Ventil schoss Luft, mit sehr hohem Druck, genau in beide Augen von Patrick. Er schrie auf und es wurde dunkel um ihn herum.

Patrick kam erst wieder im Krankenhaus zu sich und seine Augen waren dick verbunden. Seine Frau saß am Bett und er fragte sie, was passiert sei. Sie erzählte ihm von dem Unfall und musste ihm auch sagen, dass die Ärzte sein Augenlicht nicht mehr hatten retten können. Er war erblindet. Der Schock saß tief und die nächsten Tage verbrachte Patrick damit, sich klar zu machen, was das nun für ihn und sein Leben bedeuten würde. Er erkannte, dass er seinem bisherigen Job nicht mehr nachgehen konnte, aber er fand direkt eine Alternative dazu.

Er hatte sich die Arbeit am Computer zum Hobby gemacht und fand Gefallen daran, da er diese Arbeit auch blind erledigen konnte.

Patrick schöpfte wieder Hoffnung, auch weil seine Frau und die vier Kinder ihm die Zuversicht gaben, dass er trotz dieser Einschränkung weiter glücklich leben konnte. So arrangierte er sich erstaunlich schnell damit und versuchte diese Herausforderung anzunehmen. Er begann noch im Krankenhaus die Blindenschrift zu lernen und arbeitete an seinen Zukunftsideen. Als er nach dem mehrmonatigen Klinikaufenthalt nach Hause kam, tauschten er und seine Frau vorübergehend die Rollen. Dies bedeutete, dass Patrick sich um die Kinder und den Haushalt kümmerte, bis seine berufliche Situation geklärt war. Unterdessen ging seine Frau arbeiten.

Patrick's ehemalige Firma machte es ihm nicht leicht. Sie wollten einfach nicht einsehen, dass er auch als Blinder seiner Aufgabe als Ingenieur weiter nachgehen konnte, zwar am Computer, aber mit genauso viel Sachverstand wie vorher. Er musste sich sein Recht lange erstreiten und diese Auseinandersetzung setzte ihm mehr zu, als seine Erblindung. Patrick ließ sich aber nicht unterkriegen, sondern setzte seinen Ärger darüber in konstruktive Energie um. So kam er auch sofort zu uns, um seine Mobilität durch einen Blindenführhund zu erweitern.

Die für ihn ausgewählte schwarz-braune Schäferhündin Daja war eine liebenswerte und sanftmütige Hündin. Während der Ausbildung zeigte sie immer wieder ihre Anhänglichkeit und Arbeitsfreude. Hatte Daja einmal einen Menschen in ihr Herz geschlossen, dann tat sie alles für ihn.

Daja hatte mittlerweile ihre sechsmonatige Ausbildung beendet und war nun gut vorbereitet für ihre neue Aufgabe. Die Einschulung konnte somit beginnen. Die Schäferhündin fügte sich sehr schnell in die Großfamilie ein und Patrick bereitete es sehr viel Spaß mit ihr unterwegs zu sein. Bei der Einübung der verschiedenen Wege besuchten wir auch seine Firma. In der Firma fiel mir sofort auf, wie Patrick beobachtet wurde und dass die ehemaligen Kollegen sehr distanziert waren. Ich spürte, dass sie nicht daran glaubten, dass er wieder an seinen Arbeitsplatz zurückkehren würde und das schmerzte! So verließen wir schnell wieder die Firma und machten uns auf den Heimweg. Patrick genoss es, sich von Daja führen zu lassen und lobte sie sehr herzlich dafür. Die Führhündin dankte es ihm mit zuverlässigem Gehorsam und guter Führarbeit. Die Beiden waren schon nach kurzer Zeit ein tolles Team und Patrick schöpfte durch die wiedergewonnene Freiheit Mut für die Zukunft. Er würde darum kämpfen, dass man ihm in seiner Firma eine Chance geben würde und ihnen dann zeigen, dass er immer noch derselbe war.

Als wir am nächsten Tag in der Stadt unterwegs waren und an der Bushaltestelle auf unseren Bus warteten, waren wir so ins Gespräch vertieft, dass wir unseren Bus verpassten. Das wäre eigentlich nicht so schlimm gewesen, wenn der nächste Bus nicht erst in eineinhalb Stunden gefahren wäre. Wir fassten sofort den Entschluss zu einer anderen Haltestelle zu rennen, damit wir den Bus noch erreichen konnten. Wir rannten also los und jeder der uns sah, musste schmunzeln - Ein Blinder mit seinem Blindenführhund und dessen Trainerin im Schlepptau. Alle gemeinsam im Joggingtempo durch die Stadt, über Stock und über Stein. Ich sah den Bus schon an der Haltestelle stehen und legte noch mal Tempo zu. Glücklicherweise sah uns der Fahrer und wartete. Völlig erschöpft ließ ich mich im Bus auf den nächsten Sitz fallen. Patrick war überhaupt nicht aus der Puste, denn er machte regelmäßig Sport und war fit wie ein Turnschuh. Wir mussten im Nachhinein noch oft über diese Aktion lachen! Patrick aber hatte dadurch wohl wieder Gefallen am Joggen gefunden.

Auch beim Joggen achtete Daja auf alle Hindernisse, wie herabgefallene Äste und umgestürzte Bäume. Der Führhündin gefiel diese morgendliche Joggingrunde und Patrick genoss die lang vermisste Bewegung. Beiden tat es richtig gut und nebenbei wurden sie durch diese Runden ein immer besseres Team.

Als ich das Gespann nach Beendigung der Einschulung verließ, hatte ich ein richtig gutes Gefühl.

Wir telefonierten nach mehreren Monaten und Patrick schwärmte von seiner Daja. Nebenbei erzählte er, dass er das Westernreiten für sich entdeckt hatte und Daja auf seine Ausritte mitnahm. Ich war begeistert von seiner Motivation und seiner Lebensfreude, die er sich durch den Verlust seines Augenlichtes nicht hatte nehmen lassen. Im Gegenteil, er probierte immer wieder Neues aus und war letztendlich erstaunt, dass viel mehr möglich war, als er vorher geglaubt hatte. Auch beruflich hatte Patrick als Selbständiger erfolgreich durchstarten können und genoss nun sein Leben in vollen Zügen.

Ich bewundere ihn sehr für diesen unerschütterlichen Optimismus und seine Stärke, mit der er immer wieder anderen sehbehinderten und blinden Menschen Mut macht!

Kiwi – Acht auf einen Streich

Nachdem Kiwi, meine blonde Labradorhündin vom Deutschen Hundeverband als Zuchthündin zugelassen war, sollte sie ihren ersten Wurf bekommen. Ich fuhr mit Kiwi zu dem von mir ausgewählten Deckrüden. Sie war glücklicherweise mit meiner Auswahl zufrieden und mochte den Deckrüden auf Anhieb. Da es Kiwi's erster Deckakt war, wusste ich nicht, wie sie sich verhalten würde und war etwas nervös. Nach einem ausgiebigen Spiel mit dem Rüden ließ sie sich problemlos decken. Ich habe zuvor schon einige Deckakte miterlebt, aber dass eine Hündin dabei solche grunzenden Geräusche von sich gibt, hatte ich noch nie erlebt. Auch die Besitzerin des Rüden musste sehr darüber schmunzeln.

Nach dem erfolgreichen Deckakt konnte man zusehen, wie Kiwi's Bauch von Woche zu Woche größer wurde. Wenn ich sie abends streichelte und sie in ihrer Lieblingslage auf dem Rücken lag, konnte man das geschäftige Treiben der Welpen hautnah spüren. Da war was los in ihrem Innern!

Ich war sehr gespannt auf die bevorstehende Geburt der Welpen und hoffte inständig, dass es ohne Komplikationen von statten gehen würde.

Ich hatte bereits fünf Würfe miterlebt, aber so eine leichte Geburt, wie bei Kiwi, hatte ich noch nie zuvor gesehen. Es sah so aus, als wäre es für Kiwi keine Anstrengung, sie schlief sogar bis eine halbe Stunde vor der Geburt, wachte dann auf, lief umher und wühlte in ihrem Wurflager. Kurz darauf kam auch schon der erste Welpe rausgeplumpst. Kiwi beschnüffelte dieses Bündel und begann sofort wie eine routinierte Althündin mit dem aufreißen der Fruchthülle und dem fachmännischen Abnabeln. Ich war glücklich, wie instinktsicher Kiwi ihre erste Geburt meisterte. Eine Viertelstunde nach dem ersten Welpen erblickte der zweite die Welt. Dann kam der dritte und vierte Welpe, alle im Abstand von einer Viertelstunde. Immer wenn Kiwi gerade mit dem letzten Welpen fertig war, kam eine Presswehe und der nächste Welpe purzelte heraus. Nach dem vierten Welpen legte Kiwi eine einstündige Schlafpause ein. Danach folgten wieder im Abstand von jeweils einer Viertelstunde vier weitere Welpen. Als alle Welpen da waren und sie gierig an Kiwi's Zitzen saugten, schlief sie dabei ein.

Da Kiwi als typischer Labrador ungestüm und tollpatschig ist, hatte ich zu Anfang etwas Bedenken wegen der neugeborenen Welpen. Die waren jedoch völlig unbegründet, denn Kiwi achtete sehr sorgfältig auf ihren Wurf und legte sich nie auf einen Welpen drauf. Und das, obwohl sie nachts immer auf dem Rücken schlief und alle vier Beine nach oben streckte. Das sah sehr niedlich aus, weil sich die Welpen unheimlich strecken mussten, um rechts und links an die Zitzen zu gelangen. Auch wenn Kiwi die Wurfkiste verließ, war sie immer darauf bedacht, keinen der Welpen umzurennen.

Was Kiwi aber am allermeisten an dem Mutterdasein gefiel, war die Tatsache, dass sie sechs bis acht Mal am Tag Futter bekam. Wie ein Labrador im Schlaraffenland, so kam sie sich während dieser Zeit wohl vor!

Kiwi kümmerte sich hingebungsvoll um ihre Welpen und als diese vier Wochen alt waren, machte ich sie mit unserem restlichen Rudel bekannt. Am liebsten mochten sie den Rüden Rusty. Dieser nahm die Vaterrolle ein und spielte ausgelassen mit den Welpen. Wenn diese dann zu frech oder forsch wurden, reglementierte er sie. Es war eine große Freude diesem Treiben zuzuschauen. Kiwi wurde dadurch auch etwas entlastet, denn wenn die Welpen eine Zeit lang mit Rusty beschäftigt waren, konnte sich Kiwi von der Meute ausruhen. Die Welpen kamen nach dem Spielen nur zum Trinken zu ihr und schliefen dann sofort neben ihr ein.

Nachdem die Welpen mit neun Wochen abgegeben worden waren, wollte Kiwi eine ganze Zeit lang nicht einsehen, warum sie jetzt nicht mehr so oft Futter bekam. Sie stand nach wie vor nach jedem Spaziergang vor der Futterküche, um mich an ihre Fütterung zu erinnern. Ich musste jedes Mal darüber schmunzeln! Es dauerte sage und schreibe sechs Wochen, bis Kiwi sich wieder daran gewöhnt hatte, dass es nur zweimal am Tag Futter gab und damit auch zufrieden war.

Cesar – Die verschneite Gespannprüfung

Als die Einschulung von Cesar, einem wunderschönen großrahmigen schwarzen Königspudelrüden begann, war es bereits Herbst. Die Einschulung umfasste alle Wege, die die blinde Elisabeth mit Cesar zurücklegen wollte. Dazu zählten der Weg zur Arbeitsstelle sowie die Wege zu verschiedenen Einkaufsmöglichkeiten und in den Pferdestall.

Nach Beendigung der Einschulung stand die Gespannprüfung an. Der ehemalige Mobilitätstrainer von Elisabeth sollte die Prüfung abnehmen. Als ich mit ihm den Prüfungstermin abstimmte, merkte ich bereits, dass er Fachwissen über Blinde und Hunde besaß. Drei Tage vor der Prüfung reiste ich bei der blinden Besitzerin an, um mir nochmal einen Überblick über die Zusammenarbeit des Gespanns zu machen. Mittlerweile erledigten sie alle Wege routiniert und gelassen und ich machte mir wegen der bevorstehenden Prüfung keine Sorgen.

Als ich am Morgen der Prüfung aufwachte und aus dem Fenster schaute, traf mich fast der Schlag. Die ganze Gegend war weiß! Es hatte offensichtlich die ganze Nacht geschneit, denn alle Gehwege und Straßen waren voller Schnee. Das war am Prüfungstag natürlich nicht das, was man sich wünschte. Das Problem an Schnee ist, dass er die für einen Blindenführhund wichtigen Begrenzungen verdeckt, wie zum Beispiel Bordsteine, Zebrastreifen und Unebenheiten im Boden. Daher war schnelles Handeln gefragt! Ich telefonierte mit Elisabeth und diese hatte sich aufgrund des Schneefalls total aufgeregt. Ich beruhigte sie, denn schließlich sollte die Prüfung erst gegen Mittag stattfinden und bis dahin würde der Räumdienst sein Übriges tun. Allerdings wollte ich mich auch nicht hundert Prozent darauf verlassen und fragte Elisabeth, ob sie einen großen Besen habe. Sie bejahte dies und kurzerhand holte ich bei ihr den Besen ab und räumte den geplanten Prüfungsweg frei. Die Passanten schauten etwas ungläubig, da ich zwar den Schnee räumte, aber gar nicht so aussah wie eine vom Räumungsdienst. Es war mir egal! Ich räumte zuerst den Schnee auf dem Weg zur Bushaltestelle weg und dann fuhr ich mit dem Auto in die Stadt. Dort sollte der Prüfungsweg zuerst zur Arbeitsstelle, danach zum Bahnhof und noch über ein Geschäft in die Innenstadt führen. Ich befreite den gesamten Prüfungsweg vom Schnee und nach zwei Stunden war der Weg wieder frei. Da es auch aufgehört hatte zu schneien, war ich guter Hoffnung, dass der Weg auch am Mittag noch frei sein würde. Ich informierte Elisabeth darüber, dass der Prüfungsweg nun freigeräumt war, damit sie sich keine Sorgen mehr machen musste.

Der Prüfer fragte telefonisch bei mir an, ob die Prüfung bei diesem Wetter stattfinden könne und ich bejahte.

Wir trafen uns alle bei Elisabeth und dann begann die Prüfung. Cesar hatte keine Probleme den Weg und die Bordsteine zu finden, denn auf unserem Weg war ja alles freigeräumt. Auch der Weg in die Stadt war problemlos zu bewältigen und die Beiden machten ihre Sache richtig gut. Elisabeth war freudig dabei, weil sie die ganze Zeit über an meine Schneeräumaktion denken musste und deshalb nicht mehr aufgeregt war. Bei der Abschlussbesprechung bescheinigte der Prüfer den Beiden eine gute Leistung. Ich freute mich mit ihr!

Wenn ich heute mit Elisabeth telefoniere ist dieser Tag mit der Schneeräumung immer noch im Gedächtnis und wird es auch immer bleiben. Besondere Situationen erfordern eben besondere Maßnahmen!

Jana – Über Umwege zum Ziel

Eines Tages entdeckten wir eine Zeitungsanzeige einer Familie, die sich von Jana, einer dunkelblonden Labradorhündin, trennen musste. Jana war ein Scheidungshund und musste deshalb die Familie verlassen. Nach einem Anruf bekamen wir die Möglichkeit, die Hündin für unsere Arbeit zu testen. Wir besuchten die Familie am nächsten Tag und unternahmen mit Jana einen Gang durch die Stadt. Sie zeigte sich freundlich und hatte keine Probleme mit den verschiedenen Umweltreizen. Jana zeigte weder ängstliches noch aggressives Verhalten und machte rundherum einen sehr guten Eindruck. Wir durften sie mitnehmen und besuchten eine Woche später bereits den Tierarzt, um ihre gesundheitliche Eignung zu überprüfen. Sie erfüllte die gesundheitlichen Anforderungen eines Blindenführhundes.

Jana war zu Beginn der Ausbildung ein bisschen langsam in der Auffassungsgabe, aber durch die täglichen Wiederholungen festigte sich das Gelernte dann doch relativ schnell. Je weiter die Ausbildung voranschritt, desto mehr Spaß hatte Jana an der intensiven Beschäftigung.

Nach einer Ausbildungszeit von sieben Monaten konnte sie die Abschlussprüfung ablegen. Wir hatten in der Zwischenzeit bereits einen sehbehinderten jungen Mann namens Hakan gefunden, den wir uns als neuen Besitzer für Jana gut vorstellen konnten. Die Einschulung begann und Jana hatte keine Probleme sich Hakan anzuschließen. Sie genoss es, als Einzelhund bei dem sehbehinderten Besitzer alle Aufmerksamkeit für sich alleine zu beanspruchen und dankte ihm dies mit einer guten Bindung.

In der zweiten Woche der Einschulung tauchten plötzlich unerwartete Probleme auf. Die Gegend, in der Hakan mit seiner Familie wohnte, stellte uns vor besondere Herausforderungen. Beim täglichen Training begegneten uns häufig am helllichten Tag Betrunkene mit ihren Bullterriern, die sich uns bellend in den Weg stellten. Wir mussten mehr als einmal dazwischen gehen, sonst hätte Jana möglicherweise eine Bisswunde davon getragen. Hakan konnte in diesen Situationen nicht schnell genug reagieren und daher sahen wir große Probleme, wenn das Gespann irgendwann auf sich alleine gestellt sein würde.

Da sich die Ehefrau von Hakan in diesem Wohngebiet auch nicht mehr wohl fühlte, überlegten die Beiden in naher Zukunft umzuziehen. Wir hielten diese Überlegung für sehr gut und sagten unsere Unterstützung bei der Wohnungssuche zu. Als wir nach der zweiwöchigen Einschulung die Gespannprüfung festlegten, hatten sich die Beiden zu einem sehr guten Team entwickelt.

Am Tag der Gespannprüfung waren Hakan und Jana etwas aufgeregt, aber diese Aufregung legte sich, nachdem wir einen Teil der Prüfungsstrecke zurückgelegt hatten. Nach einer Fahrt mit der S-Bahn in die Innenstadt und einem Führgang durch die Fußgängerzone erreichte Hakan das Geschäft, indem er regelmäßig Einkäufe zu erledigen hatte. Danach führte der Weg zur Sparkasse, vor deren Tür ein großer Hund angebunden war. Ich war gespannt, wie dieser auf Jana reagieren würde. Der Hund stand auf und schnüffelte kurz an Jana. Hakan hatte es bemerkt und wies Jana sofort an weiterzugehen und ihm die Eingangstür anzuzeigen und sie kam der Aufforderung nach. Dann ließ Hakan sich zum Bankautomaten führen und legte seinen Hund dort ab. Nachdem er seine Bankgeschäfte erledigt hatte, ging es wieder zum Ausgang zurück. Mittlerweile war der angebundene Hund weg und Jana hatte einen freien Weg zur Haltestelle. Das Gespann zeigte eine schöne Zusammenarbeit. Auch als eine neue Baustelle den Rückweg versperrte, führte Jana sicher daran vorbei und setzte ihren Weg zur S-Bahn Haltestelle fort. Zu Hause angekommen war der Prüfer sehr zufrieden mit der gezeigten Leistung des Gespanns. Er beglückwünschte zur ‚bestandenen' Prüfung und verabschiedete sich. Auch wir gratulierten und freuten uns mit ihnen.

Mehrere Wochen später trat ein neues Problem auf. Es hatte nichts mit Jana oder der gemeinsamen Führarbeit zu tun, sondern mit der Großfamilie, die zu Hakan gehörte. Neben seiner Frau und zwei kleinen Kindern gab es noch einige Brüder und Schwestern sowie deren Familien und die Großeltern.

Da es in dem Kulturkreis, aus dem Hakan stammt, dazugehört, dass der Jüngste in der Familie sich gegen die anderen nicht so leicht durchsetzen kann, waren die Probleme mit Jana vorprogrammiert. Die Familie hielt sich bei ihren Besuchen nicht daran, was Hakan sagte und fütterten Jana vom Tisch, spielten ständig mit ihr Ball und bedrängten sie massiv. Jana wurde zunehmend nervöser und versuchte sich den ständigen Belästigungen durch die anderen Familienmitglieder zu entziehen. Dieses Verhalten fiel uns dann auch während eines Besuches auf, denn sobald sich jetzt eine fremde Person Jana annäherte, versuchte sie auszuweichen. Da Jana dieses Verhalten vorher nicht gezeigt hatte, sprachen wir Hakan darauf an. Er wollte versuchen diese Situation in der Familie zu klären.

Zwei Wochen später rief uns Hakan an und erzählte uns, dass er in der nächsten Woche seine Großfamilie in Hamburg besuchen wolle und dass er sich danach dann melden würde, ob die Fahrt und die Führgänge gut verlaufen waren.

Hakans Ehefrau meldete sich bereits drei Tage später aus Hamburg und erzählte uns, dass sich die Familie überhaupt nicht an die Anweisungen von Hakan halten und Jana zudem häufiger wegsperren würde. Weiterhin erzählte sie uns, dass Jana häufig von den Brüdern oder Cousins ihres Mannes ausgeführt werde und hatte Bedenken, dass diese nicht konsequent seien und ihr alles durchgehen lassen würden. Sie teilte mir außerdem mit, dass sie in einer Woche wieder nach Hause kommen würden und bat mich dann noch einmal vorbei zu kommen, um uns selbst ein Bild machen zu können.

Als wir die Beiden besuchten, zeigte Jana ein verändertes Verhalten. Wir bemerkten es, als ein Freund der Familie in die Wohnung kam und Jana sich, als sie ihn erblickte, hinterm Sofa versteckte. Wenn ein Labrador nach einer relativ kurzen Zeit solch ein verändertes Verhalten zeigt, muss ein für den Hund massives Erlebnis dazu geführt haben. Von diesem Moment an wussten wir, dass Jana nicht mehr bei Hakan bleiben konnte. Auch Hakan bemerkte die Verhaltensänderung seines Hundes, konnte sich aber nicht erklären, warum sie dieses Verhalten zeigte. Wir erklärten ihm den möglichen Zusammenhang und sagten ihm auch, dass Jana mit der Familiensituation bei ihm nicht zurechtkam und wir uns gemeinsam eine Lösung überlegen müssten.

In der nächsten Woche stand für Hakan's Familie erst einmal der Umzug in die neue Wohnung an. Die Wohnung lag am Rande einer Kleinstadt und rundherum waren Wiesen und Felder. Eigentlich ein idealer Platz für eine Familie mit Kindern und einem Hund. Wäre da nicht das Problem mit der Verwandtschaft gewesen. Wir wussten, wenn Jana bei Hakan bleiben würde, wäre sie weiterhin den Belästigungen der Verwandtschaft ausgesetzt und würde über kurz oder lang eine Strategie suchen, um diesen Belästigungen zu entgehen. Da sie es mit dem bisherigen Rückzug nicht geschafft hatte sich dem zu entziehen, war es nur eine Frage der Zeit, wann sie sich anders zur Wehr setzen würde. Soweit wollten wir es auf gar keinen Fall kommen lassen und da kam uns der Zufall zur Hilfe: Hakans Ehefrau wurde wieder schwanger und zwar diesmal mit Zwillingen. Hakan erkannte sehr schnell, dass er seine Ehefrau nun mit voller Kraft unterstützen musste und Jana dann viel zu kurz kommen würde. Außerdem hatte Hakan mittlerweile auch erkannt, dass die Belästigungen von seiner Verwandtschaft Jana gegenüber unzumutbar waren.

Nach einem ausführlichen Gespräch sah Hakan ein, dass er Jana nicht behalten konnte und gab sie uns wieder mit. Er informierte danach die Krankenkasse darüber und diese musste seine Entscheidung akzeptieren.

Da wir von genau derselben Krankenkasse bereits eine weitere Genehmigung zur Versorgung eines Sehbehinderten vorliegen hatten, wollten wir sehen, ob Jana und der neue sehbehinderte Kunde vielleicht zusammen passen würden.

Nachdem sich Jana wieder bei uns eingelebt hatte, setzten wir das Training fort. Das Verhalten von Jana gegenüber fremden Männern hatte sich seit dem Training wieder deutlich verbessert. Sie wirkte am Anfang immer noch etwas schüchtern, aber nachdem sie jetzt nicht mehr bedrängt wurde, kam unsere ‚alte' Jana wieder ganz zum Vorschein. Wir stellten Jana dem neuen Sehbehinderten, einem jungen Mann namens Reiner, vor. Er wusste von der Vorgeschichte von Jana und wir wollten sehen, ob die Beiden zusammen passen könnten. Wir gingen zunächst einmal spazieren und Reiner wartete, bis Jana den Kontakt zu ihm aufnahm. Jana suchte immer wieder die Nähe von Reiner und wir hatten ein gutes Gefühl, dass sich hier etwas entwickeln könnte. Nach dem Spaziergang gingen wir ins Besprechungszimmer, um noch einige Fragen mit Reiner zu klären. Jana legte sich direkt an Reiner's Füße und schlief ein. Als sie so da lag und Reiner sie nebenbei kraulte, stand die Entscheidung für ihn fest.

Er wollte Jana als Blindenführhund haben. Wir baten ihm sich ruhig Zeit mit dieser Entscheidung zu lassen und noch einmal darüber zu schlafen, da wir wollten, dass Jana nun einen Platz fürs Leben bekommen sollte. Reiner verstand unsere Bedenken und wollte sich am nächsten Tag bei uns melden. Als er anrief und mitteilte, dass er sich alles gut überlegt hatte und Jana unbedingt als Führhund haben wollte, freuten wir uns sehr.

Die Einschulung konnte dann bereits wenige Wochen später beginnen und die Beiden machten sehr schnell Fortschritte. Die Bindung und die Zusammenarbeit wurden von Tag zu Tag besser. Reiner und Jana waren nach drei Wochen ein eingespieltes Team und legten alle Wege sicher zurück. Reiner war überglücklich, dass er sich für Jana entschieden hatte, denn sie brachte sehr viel Freude und Spaß in sein Leben. Außerdem bemerkte er, dass sich andere Menschen mehr für ihn interessierten, seit er eine nette blonde Labradorhündin bei sich hatte. Die Gespräche entwickelten sich anfangs immer über den Hund und Reiner genoss es, dass man nicht mehr nur seine Sehbehinderung in den Vordergrund stellte.

Einige Monate später besuchten wir Reiner nochmals, um uns die gemeinsame Führarbeit anzusehen. Als wir dem Gespann auf seinem Weg folgten, konnte man nur staunen. Sie arbeiteten als Team zusammen und gelangten mühelos an ihr Ziel. Nach Beendigung des Führgangs zeigte Reiner uns, dass er Jana auch im Freilauf unter Kontrolle hatte. Sie kam sofort, wenn er sie rief und genoss die anschließenden Streicheleinheiten. Wenn man den Beiden zusah, wurde einem ganz warm ums Herz. Sie strahlten Beide Ruhe und Gelassenheit aus und Jana schien immer ein Grinsen auf dem Gesicht zu haben. Reiner erzählte uns noch ganz stolz davon, dass es Jana zu verdanken war, dass er die Frau seines Lebens kennengelernt hatte. Beim letzten Spaziergang war Jana im Freilauf zu einer Frau gerannt und hatte sich ausgiebig streicheln lassen. Über Jana waren die Beiden dann ins Gespräch gekommen und hatten sich zu einem weiteren Treffen verabredet. Bei diesem Treffen hatte es dann gefunkt und seitdem waren die Beiden ein Paar. Wir freuten uns sehr mit ihm und stellten fest, dass man manchmal einen Umweg gehen muss, um ans Ziel zu gelangen!

Lucky – Der Familienkonflikt

Als ich mit der Einschulung von Lucky, einem schwarzen Großpudelrüden, begann, konnte ich noch nicht ahnen, was uns bevorstehen würde. Die erste Woche der Einschulung fand am Wohnort der Blindenführhundschule statt. Als ich am ersten Tag vorm Hotel stand, um Lucky's neuen Besitzer Tim abzuholen, hatte dieser verschlafen und noch nicht einmal mit dem Frühstück begonnen. Da Tim erst neunzehn Jahre jung war, wollte ich nicht gleich zu streng mit ihm sein und machte keine große Sache daraus. Der erste Tag verlief sehr zufriedenstellend und die Beiden lernten sich bei dem ersten Führgang und den Spaziergängen näher kennen. Am zweiten Tag stand ich wieder vorm Hotel und Tim hatte gerade erst sein Frühstück begonnen. Ich machte ihm in einem kurzen Gespräch deutlich, dass es respektlos sei, wenn man sich nicht an Zeitabmachungen hielt. Ich hoffte, dass mein Gespräch mit ihm etwas bewirkt hatte und so starteten wir das Training. Beim Spaziergang passierte dann etwas sehr überraschendes.

Tim ließ sich von mir führen und Lucky lief frei. Auf einmal begann er ein Liedchen zu trällern und kurze Zeit später entfuhr ihm ein Pups. Ich dachte es wäre ein Versehen, deshalb sagte ich nichts dazu. Beim nächsten Spaziergang am Mittag passierte allerdings das Gleiche noch einmal. Tim begann ein Liedchen zu pfeifen und kurze Zeit darauf folgte der Pups. Nun wusste ich, dass Tim wohl dachte, wenn er pfeife, bekäme es keiner mit. Aber nicht mit mir! Ich sprach ihn darauf an und es war ihm überhaupt nicht peinlich. Ich machte ihm klar, dass ich dieses Verhalten respektlos fand und das er es zu unterlassen hatte.

An dem ganzen Verhalten von Tim merkte ich, dass er insbesondere ein Problem mit Menschen hatte, die ihm Anweisungen gaben. Das lag wahrscheinlich auch an seinem Elternhaus. Seine Eltern waren ein älteres Ehepaar, die sehr viele Regeln für Tim aufgestellt hatten und die sich im Moment deswegen in permanenter Auseinandersetzung mit ihm befanden. Tim projizierte diese Probleme anscheinend auf alle Menschen, die ihm Anweisungen erteilten. Aufgrund dieser Erkenntnis versuchte ich in den nächsten Tagen meine Anweisungen, bezüglich des Führhundes, so zu formulieren, dass Tim es nicht als Bevormundung verstehen konnte und das klappte gut.

Die zweite Woche setzten wir das Training an Tim's Wohnort fort. Dort begannen die Probleme erst richtig. Als ich am Montagmorgen vor der Haustür stand und klingelte, öffneten mir die Eltern von Tim. Er lag noch im Bett und schlief, denn er war wohl nach einem Streit mit seinen Eltern die halbe Nacht mit Lucky unterwegs gewesen. Auf der nächtlichen Tour war Tim sogar in einer Disko gewesen und hatte Lucky zwei Stunden vor der Disko angebunden warten lassen. Ich war entsetzt! Ich klopfte an seine Tür und weckte ihn. Er machte sich fertig und wir mussten direkt los, denn auch Lucky hatte seine Bedürfnisse. Wir starteten Richtung Park und Tim schimpfte über seine Eltern und darüber, dass er jetzt ohne Frühstück spazieren gehen musste. Ich dachte, ich bin im falschen Film! Ich versuchte Tim nochmals klar zu machen, wie wichtig die Konzentration auf den Führhund sei, vor allem in den ersten Wochen der Zusammenarbeit. Aufgrund des Schlafmangels durch die durchzechte Nacht hatte Tim Konzentrationsprobleme und das konnten wir in der Einschulung nicht gebrauchen. Es war schwierig mit Tim zu reden, denn er schob alle Verantwortung auf seine Eltern und es war anstrengend ihm klar zu machen, dass er die alleinige Verantwortung für Lucky hatte. Nach einem Besuch im Café, wo er sein Frühstück nachholen konnte, setzten wir das Training fort. Tim hatte große Probleme sich Lucky anzuvertrauen, denn bisher war er immer mit seinem Blindenstock unterwegs gewesen.

Die Orientierung mit einem Blindenlangstock ist nicht vergleichbar mit der Orientierung durch die Hilfe eines Blindenführhundes. Das irritierte Tim sehr und er versuchte, während der Führgänge, immer noch mit seinem Stock die Kontrolle über den Weg zu behalten. Dies gelang ihm aber nicht, da Lucky nicht so laufen wollte, wie er es mit seinem Stock gewohnt war.

Nachdem wir bereits eineinhalb Wochen an diesem Problem gearbeitet hatten und wieder einmal auf einem schon bekannten Weg unterwegs waren, passierte es: Wir liefen einen sehr langen, geraden Gehweg entlang und an einer Stelle des Gehwegs hatte ein Eissalon seine Tische und Stühle draußen aufgestellt. Es führte nur ein sehr schmaler Weg durch die rechts und linksseitig aufgestellten Tische und Stühle hindurch. Lucky wollte diesen Weg auch einschlagen, aber Tim hielt den

Hund am Führgeschirr zurück und drückte ihn in Richtung der aufgestellten Tische. Ich stoppte Tim, erklärte ihm die Gegebenheiten und führte ihn nochmal ein Stück zurück. Dann probierten wir es erneut und Tim ließ seinen Hund wieder nicht arbeiten, sondern schob ihn in die Tischreihe.

Nochmals erklärte ich ihm geduldig den Weg und dass er Lucky's Geschirr ganz locker halten müsste, damit er spüren könne, wann Lucky die Richtung änderte. Ich bat ihn, seinem Hund vertrauensvoll zu folgen. Es gelang Tim nicht, sich Lucky anzuvertrauen und wir wiederholten die Übung noch etliche Male. Mittlerweile hatten wir auch die ungeteilte Aufmerksamkeit der Eissalonbesucher und einiger umherstehender Passanten, was die Sache nicht einfacher machte. Wir machten eine kurze Pause und in diesem Moment kam ein Mann auf uns zu und sprach mich an. Er stellte sich als ein Fernsehjournalist vor und sprach bewundernd über die Geduld, die ich als Trainerin für die Beiden aufbrachte. Ich war kurz davor laut loszuschreien! Da wiederholen wir unzählige Male diese Übung unter den interessierten Blicken der ganzen Passanten und dann kommt auch noch ein Fernsehjournalist und will darüber eine Reportage machen! Ich antwortete ihm kurz und gab ihm meine Visitenkarte mit dem Hinweis, dass wir nun weiter trainieren müssten.

Nach drei weiteren Versuchen und einer bildhaften Darstellung der Gegebenheiten auf dem Rücken des Blinden, mittels meines Zeigefingers, schafften es die Beiden endlich und wir waren am Eissalon vorbei.

Dann führte der Weg weiter geradeaus direkt auf eine Hauswand zu, die rechtsseitig zu umgehen war. Lucky wollte bereits nach rechts ziehen, aber Tim hielt voll dagegen und so lief Lucky bis zur Hauswand und stoppte davor. Daraufhin wollte Tim Lucky korrigieren, weil er dachte, der Hund habe einen Fehler gemacht. Ich erklärte ihm die Situation und bat ihn zum wiederholten Male den Führbügel nicht krampfhaft festzuhalten, sondern locker zu lassen und an Lucky's Seite mitzulaufen. Wir steckten wieder fest! Unzählige Versuche später war meine Geduld dann doch am Ende, denn Lucky zeigte mittlerweile starke Stressanzeichen. Ich wollte nicht, dass Lucky darunter leiden musste, dass Tim nicht in der Lage war sich ihm anzuvertrauen. Ich führte Tim am Arm nach Hause und wir beendeten diesen Trainingstag.

Nach langer Überlegung wie es nun weitergehen sollte, beschlossen Tim und ich seine Mobilitätstrainerin mit einzubeziehen.

Wir verabredeten uns für den nächsten Tag und trafen uns alle bei Tim zu Hause. Das Gespräch begann sehr ruhig, entwickelte sich dann aber immer mehr zu einem emotionalen Schlagabtausch zwischen den Eltern und Tim. Im Verlauf des Gesprächs erzählten die Eltern, dass sie Lucky mehrmals selbst ausgeführt hatten, da Tim immer wieder verschlafen und Lucky vergessen hatte. Außerdem hatte sich Lucky in seiner Not schon mehrfach im Wohnzimmer entleert und das konnten die Eltern nicht mehr mit ansehen. Sie hielten ihren Sohn für verantwortungslos und nicht in der Lage sich um Lucky zu kümmern. Im Verlauf dieses Gespräches wurde sowohl der Mobilitätstrainerin als auch mir klar, dass es hier gar nicht um den Hund, sondern um einen Familienkonflikt ging. Tim musste sich am Ende des Gesprächs dann auch selbst eingestehen, dass er den Hund nur deshalb gewollt hatte, weil sich seine Eltern einen Hund für ihn gewünscht hatten. Daraus erklärte sich nun auch, warum Tim kein Vertrauen zu Lucky hatte aufbauen können und die Einschulung nicht ernst genommen hatte. Unter diesen Voraussetzungen war die Fortsetzung der Einschulung unsinnig und zum Scheitern verurteilt. So beschlossen wir gemeinsam, die Einschulung zu beenden und dass ich Lucky wieder mit mir nehmen sollte.

Nachdem wir Lucky wieder bei uns in der Führhundschule hatten, musste zuerst einmal daran gearbeitet werden, dass er wieder stubenrein wurde. Das gelang sehr schnell, denn als Lucky merkte, dass er wieder regelmäßig zum Spazieren gehen geführt wurde, hatte er keinen Grund mehr sich im Haus zu lösen.

Nach einigen Wochen, die Lucky weiter trainiert wurde, fand sich eine sehbehinderte Kundin, die Lucky als Blindenführhund haben wollte. Diese Einschulung verlief problemlos und die Beiden sind heute noch ein gutes Team.

Anton – Rettung in letzter Sekunde

Anton war ein Australian Shepherd Rüde und wurde mit einem Jahr direkt von der Züchterin angekauft, um ihn als Blindenführhund auszubilden. Er war, wie alle Australian Shepherds, ein sehr sensibler und hochintelligenter Hund. Seine Ausbildung machte seiner Trainerin sehr viel Freude und er lernte schnell und bereitwillig.

Nach Beendigung der Ausbildung und bestandener, interner Abschlussprüfung, begann die Einarbeitung. Anton war für einen allein erziehenden, blinden Vater namens Marco vorgesehen, der drei kleine Kinder hatte. Die Einschulung gestaltete sich, was die Führarbeit anging, gut. Das einzige Problem war, dass Marco sich bei seinen Kindern nicht durchsetzen konnte und sie seine Anweisungen, was Anton anbelangte, nicht ernst nahmen. Sie fütterten Anton mit Süßigkeiten, nutzten ihn als Pferd, hopsten auf ihm herum und stellten allen möglichen Blödsinn mit ihm an. Anton's Trainerin konnte dies zufällig mit ansehen, als sich die Kinder mit dem Hund unbeobachtet fühlten. Trotzdem zeigte sich in der Einschulung, dass sich Anton dort wohl fühlte und durch die tägliche Führarbeit mit Marco auch ausgelastet war. Leider sollte dies nicht ewig anhalten!

Ein Jahr später erhielten wir eine Mitteilung von einem Nachbarn des blinden Besitzers. In dieser Mitteilung ging es darum, dass Marco Anton nicht gut behandeln würde und der Hund dort unbedingt weg müsste. Wir telefonierten mit Marco und versuchten, uns selbst ein Bild zu machen. Waren die Anschuldigungen nur ein Nachbarschaftsstreit oder handelte es sich wirklich um ernst zu nehmende Tatsachen?

Da Marco beteuerte, dass alles gut laufen würde, vereinbarten wir zu unserer Beruhigung einen persönlichen Besuchstermin. Bei dieser Gelegenheit wollten wir uns auch die Zusammenarbeit der Beiden anschauen.

Als wir wenige Tage später zu Marco fuhren waren wir etwas angespannt. Wir klingelten bei ihm an der Haustür und er öffnete uns. Wir setzten uns zusammen und versuchten trotz der wild umherspringenden Kinder einige Informationen über die derzeitige Situation zu erhalten. Marco hatte mittlerweile, aufgrund nachbarschaftlicher Probleme, eine andere Wohnung gesucht und wollte in den nächsten Wochen umziehen. Da er sich in der Gegend rund um die neue Wohnung nicht auskannte, bat er uns, dort dann noch ein paar Trainingstage zu absolvieren.

Als wir schließlich Anton sahen, waren wir sofort alarmiert. Er wirkte kränklich und eingeschüchtert und wir fragten Marco, was der Grund dafür sei. Dieser sagte, dass ihm das gar nicht aufgefallen wäre und Anton bestimmt nur einen schlechten Tag hätte. Wir schauten uns Anton daraufhin genauer an. Er war sehr pummelig geworden, sein Fell war stumpf und er machte keinen gesunden Eindruck. Wir baten Marco mit Anton am nächsten Tag zum Tierarzt zu gehen und uns über das Ergebnis zu informieren. Unter diesen Umständen wollten wir Anton natürlich auch keine Führarbeit zumuten. Marco versprach uns, sich nach dem Tierarztbesuch zu melden, um dann noch einen weiteren Trainingstermin zu vereinbaren. Irgendwie hatten wir ein komisches Gefühl, als wir das Haus verließen. Aber wie das so ist mit komischen Gefühlen, wenn man keine konkreten Anhaltspunkte hat, dann verdrängt man sie wieder.

Marco meldete sich wie vereinbart am nächsten Nachmittag und teilte uns mit, dass Anton wieder auf dem Weg der Besserung sei und außerdem vereinbarten wir gleich einen neuen Besuchstermin. Wir waren wieder etwas beruhigt. Zu diesem Zeitpunkt wussten wir noch nicht, dass Marco mit seinem Hund gar keinen Tierarzt aufgesucht hatte. Der vereinbarte Besuchstermin sollte in drei Wochen am neuen Wohnort stattfinden.

Als zwei Wochen nach unserem ersten Besuch bei Marco erneut eine Mitteilung, seiner nun neuen Nachbarn, bei uns einging, die uns ebenfalls über eine nicht artgerechte Haltung von Anton informierte, schrillten unsere Alarmglocken. Wir wollten wissen, ob die Anschuldigungen berechtigt waren und beschlossen daher, Marco unangemeldet zu besuchen.

Als wir unerwartet vor der Tür des Blinden standen, war dieser doch sehr überrascht. Anton begrüßte uns nicht so stürmisch wie sonst, sondern hielt sich eingeschüchtert zurück. Wir baten Marco um ein Gespräch und erklärten ihm die Sachlage. Dieser schob die Vorwürfe wieder auf kinderfeindliche Nachbarn und da er nun mal drei kleine

Kinder hatte, die Krach machten, war der Führhund immer ein guter Angriffspunkt, so seine Erklärung. Wir trauten der Sache nicht und baten um einen Führgang, um uns selbst von der Zusammenarbeit der Beiden zu überzeugen. Anton wurde angeschirrt, was er nur widerwillig über sich ergehen ließ und was unsere Alarmbereitschaft wieder in Gang setzte. Was wir dann sahen, war kein Team, welches zusammen arbeitete, sondern ein Blinder, der seinen Hund im Führgeschirr durch die Stadt schob. Anton ließ dies über sich ergehen und daran erkannten wir, dass dies wohl schon länger der Fall war. Wir waren entsetzt und baten Marco die Führarbeit zu unterbrechen, um in einem nahe gelegenen Café das Gesehene zu besprechen. Als wir ihm unsere Eindrücke beschrieben, merkten wir sofort, dass er zumachte. Marco wollte nichts davon hören. Die Situation, wie wir sie gesehen hatten, war weder für den Führhund, noch für den Blinden tragbar. Dass Marco kein Interesse daran hatte an dieser Situation etwas zu ändern, war ein riesen Problem für uns. Wir beendeten das Gespräch und begleiteten den Blinden nach Hause. Wir baten ihn nochmal über unser Gespräch nachzudenken, um eine gemeinsame Lösung zu finden. Wir wussten, dass wir sehr schnell eine Veränderung dieser Situation herbeiführen mussten.

Am nächsten Tag telefonierten wir mit Marco. Leider sah er weiterhin keinen Handlungsbedarf. Wir vereinbarten einen weiteren Besuchstermin am Ende der Woche. Wir mussten bis dahin eine Lösung finden. Wir überlegten lange hin und her. Da ein Blindenführhund im Regelfall Eigentum der Krankenkasse ist, ist es nicht ohne weiteres möglich, einem Blinden seinen Blindenführhund wegzunehmen.

Wir besprachen uns mit Marco's Krankenkasse und machten den Vorschlag, dass wir durch eine erneute Gespannprüfung die Zusammenarbeit des Teams von einem unabhängigen Prüfer begutachten lassen wollten, um letztendlich eine Entscheidung treffen zu können. Die Kasse stimmte glücklicherweise sofort zu, denn sie sahen die Dringlichkeit der Situation. Nun war die Schwierigkeit, bis zum vereinbarten Besuchstermin einen Gespannprüfer zu finden. Doch auch dies gelang uns aufgrund der dargestellten Dringlichkeit. Es war sogar derselbe Gespannprüfer, der die Beiden vor knapp anderthalb Jahren geprüft hatte.

An dem vereinbarten Besuchstag trafen wir uns mit dem Gespannprüfer direkt vor Ort. Vorab hatte die Krankenkasse uns gebeten, Marco über die bevorstehende Prüfung zu informieren. Dieser sah der Prüfung gelassen entgegen, denn er war sich sicher, dass alles gut laufen würde. Die Gespannprüfung begann und nach einer Dreiviertelstunde hatte der Prüfer genug gesehen und beendete die Prüfung. Die Auswertung erfolgte dann zu Hause bei dem blinden Besitzer. Der Prüfer teilte Marco mit, dass er die Prüfung nicht bestanden hatte und unter diesen Umständen auch nicht weiter mit Anton zusammen arbeiten durfte. Er erklärte Marco ausführlich seine Beobachtungen und Einschätzungen, die er während der Prüfung gesammelt hatte und die mit unseren übereinstimmten. Insbesondere hob er hervor, dass der Blinde dem Hund seine Führaufgabe entzogen und ihn wie ein Einkaufswagen vor sich her geschoben hatte. Dieser Umgang mit seinem ausgebildeten Führhund würde früher oder später dazu führen, dass Anton seine Aufgabe verlernen würde. Darüber hinaus erwähnte er noch, dass Anton einen sehr ungepflegten und auch kränklichen Eindruck mache und daher eine Wegnahme des Hundes unumgänglich sei. Marco tobte vor Wut! Er wollte unter keinen Umständen seinen Hund abgeben und versuchte mit sämtlichen Argumenten den Prüfer vom Gegenteil zu überzeugen. Der Prüfer blieb bei seinem Urteil und wir nahmen Anton mit. Dieser folgte uns bereitwillig.

In den nächsten Tagen überlegten wir, was mit Anton passieren sollte. Dafür war die Einschätzung von seinem Gesundheitszustand sowie von seinen verbliebenen Qualitäten als Führhund notwendig. Wir fuhren am nächsten Tag mit ihm in die Tierklinik, um ihn untersuchen zu lassen. Die Tierärztin stellte Anton auf den Untersuchungstisch und begann mit einer Allgemeinuntersuchung. Sie tastete ihn ab, schaute ihm in die Ohren und überprüfte die Augen. Danach nahm sie das Stethoskop und hörte sein Herz ab. Sie schaute ungläubig, setzte das Stethoskop kurz ab und fragte mich, wie alt Anton sei. Ich nannte ihr sein Alter von knapp zwei Jahren und sie setzte das Stethoskop erneut an und hörte ihn sehr genau ab. Ich sah an ihrem Gesichtsausdruck, dass irgendetwas nicht stimmte. Meine böse Ahnung traf leider zu. Die Tierärztin sagte mir, dass Anton ein Herzproblem habe. Sie wollte sich das aber mittels einer Ultraschalluntersuchung noch genauer ansehen. Ich fragte sie, wie das sein könnte, dass ein so junger Hund

Probleme mit dem Herzen haben könnte und sie erklärte mir, dass dies von verschiedenen Einflüssen herrühren könnte. Eine mögliche Ursache wäre eine übergangene und nicht behandelte Entzündung, die sich dann am Herzmuskel festgesetzt hatte. Wir gingen zum Ultraschall und dort bestätigte sich die vorherige Diagnose der Tierärztin. Anton hatte ein vergrößertes Herz und würde lebenslang Herztabletten benötigen. Ich fragte, was das nun für den weiteren Einsatz als Blindenführhund bedeuten würde und ich hatte die Antwort bereits geahnt. Anton würde nie mehr als Blindenführhund eingesetzt werden können und musste nach dieser Diagnose ausgemustert werden. Ich war geschockt! Nachdem die Tierärztin mir ein entsprechendes Attest für Anton erstellt hatte, benachrichtigte ich sofort Marco's Krankenkasse. Aufgrund der nun bekannten Tatsachen stimmte diese einer Vermittlung von Anton in eine Privatfamilie zu und übertrug uns das Eigentum an Anton.

Aber welche Familie würde einen jungen, herzkranken Hund aufnehmen, der zudem immer noch körperlich und geistig gefordert werden wollte. Wir gaben eine Anzeige auf und verteilten Flugblätter in der Stadt.

Nach vier Wochen meldete sich eine Familie mit zwei größeren Kindern. Die Familie wohnte in unserer Stadt und wollte Anton sofort kennen lernen. Wir stellten ihnen Anton vor und sie waren sich sofort sympathisch. Jetzt gab es nur noch ein Problem, denn die Familie besaß zwei Katzen. Nach wenigen Besuchstagen hatte sich Anton an die zwei Katzen gewöhnt und die Familie wollte es mit ihm versuchen. Da der neue Besitzer von Anton selbst Arzt war, hatte er die Möglichkeit, ihn jede Woche selbst abzuhören.

Nach eineinhalb Jahren ging es Anton so gut, dass die Herztabletten auf die Hälfte reduziert werden konnten und er sogar wieder in der Lage war, an den großen Walking-Runden seines Besitzers teilzunehmen.

Bis heute lebt Anton in dieser Familie und ich treffe ihn immer mal wieder. Es war ein Glück, dass die Herzkrankheit von Anton noch rechtzeitig entdeckt und behandelt worden war, denn sonst wäre er heute nicht mehr am Leben!

Luzzie – Die Zähmung eines Labradors

Als Luzzie, eine einjährige schwarze Labradorhündin, zu uns kam, war sie noch sehr unerzogen und wir nannten sie von Anfang an unsere ‚wilde Hilde'. Luzzie stellte mich vor eine Herausforderung in Sachen Geduld. Sie verlangte sehr viel Ruhe im Umgang mit ihr. Jegliche Aufgeregtheit meinerseits versetzte sie in wildes Toben und Springen. Mit Hilfe eines Haltis, ein sogenanntes Halfter für Hunde, begann sie die Übungen wie Fuß gehen, Sitz und Platz korrekt auszuführen. Sie wurde durch die Arbeit zunehmend ruhiger. Hatte Luzzie aber Freizeit und durfte toben und spielen kam wieder ihre wilde Seite zum Vorschein. Sie war ein vor Lebensfreude überschäumender Hund, der lernen musste, dass es auch viel Spaß machen konnte, einer verantwortungsvollen Aufgabe nachzugehen. Anfänglich hatte Luzzie große Schwierigkeiten sich zu konzentrieren, aber im Laufe der Ausbildung gelang ihr das immer besser. Sie entwickelte sich prächtig und machte in ihrer siebenmonatigen Ausbildung zum Blindenführhund erhebliche Entwicklungssprünge. Nun suchten wir für Luzzie das passende menschliche Gegenstück.

Eines Tages besuchte uns eine lebensfrohe, voll im Leben stehende und aktive sehbehinderte Frau. Angela suchte einen ebensolchen Führhund, der in ihr ‚verrücktes Leben' passen sollte. Wir stellten ihr verschiedene Hunde vor, unter anderem auch Luzzie. Die Beiden waren sich von Anfang an sympathisch und Luzzie kuschelte sich an die sehbehinderte Frau, als wüsste sie, dass es jetzt um ihre Zukunft ging. Angela's Entscheidung fiel dann letztendlich auch auf sie.

Nach Abschluss von Luzzie's Ausbildung erfolgte dann die Einschulung mit Angela. Der Anfang gestaltete sich schwierig, da in diesem Fall zwei sehr starke Charaktere aufeinander prallten und jeder seinen Willen durchsetzen wollte.

Nach drei Wochen hatten sich die Beiden zusammengerauft, Angela hatte ihren Führungsanspruch durchgesetzt und Luzzie hatte ihn akzeptiert. Immer wieder telefonierten wir miteinander oder besuchten sie. Im Freilauf sahen wir immer noch die ‚wilde Hilde', aber im Führgeschirr zeigte Luzzie ihr ganzes Können.

Die Geschichten, die wir im Laufe der Zeit über Luzzie hörten, brachten uns wieder zum Schmunzeln. Von geklauten Sachen, die sie in einem kurzen unbeobachteten Moment wegschleppte und in ihrem Körbchen vergrub oder von im Garten kiloweise verzerrten faulen Äpfeln, von denen sie dann beschwipst war.

Angela erzählte aber auch von Luzzie's anderer Seite, wenn diese sie mal wieder vor einem, aus einer Ausfahrt herauskommenden PKW schützte, indem sie sich quer vor sie stellte. Oder wenn Luzzie mal wieder ganz lieb in der Umkleidekabine des Schwimmbades wartete, bis Angela ihre Schwimmeinheit beendet hatte und Luzzie nach Hause führen durfte.

In diesem Fall hat sich mal wieder gezeigt, dass jeder Hund nur den passenden Menschen braucht, um eine erfolgreiche Zusammenarbeit zu erreichen!

Flora – Eine Odyssee durch Deutschland

Als die Einschulung von Flora, einer sensiblen schwarz-braunen Schäferhündin, begann, lief am Anfang alles wie gewohnt. Nach Beendigung der ersten Woche wurde am Wohnort der Blinden, einer jungen Frau namens Melissa, weiter trainiert. Normalerweise führen alle Blindenführhunde auf der linken Seite, aber da Melissa ihren linken Arm nicht bewegen konnte, war Flora auf rechts trainiert worden.

In der zweiten Woche der Einschulung zeigten sich einige Probleme. Melissa hatte nicht geahnt, dass ein Blindenführhund neben der Führarbeit auch ein gewisses Maß an Freizeit benötigte. Nach den Führgängen war sie meist so erschöpft, dass sie keine Energie mehr für die Spaziergänge mit Flora hatte. Wir hofften, dass Melissa mit der Zeit mehr Kondition aufbauen und dann auch diese Herausforderung meistern würde.

Das zweite Problem war, dass Melissa immer die Fehler bei ihrem Hund suchte und sich nicht fragte, ob es vielleicht auch an ihr liegen könnte. Wenn sie zum Beispiel zur Ampel geführt werden wollte, diese aber noch so weit entfernt war, dass Flora sie noch gar nicht sehen und sie demnach auch nicht anzeigen konnte, schimpfte sie mit Flora. Flora verunsicherte dieses Verhalten von Melissa. Wir erklärten Melissa die Situation und wiederholten die Übung. Es fiel ihr schwer sich Flora anzuvertrauen, was am Anfang einer Versorgung mit einem Blindenführhund aber ganz normal ist. Das gegenseitige Vertrauen muss ja erst einmal durch die tägliche gemeinsame Arbeit wachsen. Wir trainierten Tag für Tag weiter und nach drei Wochen hatte sich eine gute Zusammenarbeit entwickelt. Wir merkten allerdings auch, dass es von Melissa's Gesundheitszustand abhing, ob sie sich auf die Zusammenarbeit mit Flora konzentrieren konnte. Melissa hatte aufgrund einer Diabeteserkrankung ihr Augenlicht verloren und wenn die Zuckerwerte nicht optimal waren, merkte man es ihr an.

Nach Beendigung der Einschulung ließen wir die Beiden alleine und hielten monatlich Rücksprache mit Melissa, wie die Zusammenarbeit sich entwickelte. Melissa hatte immer noch Probleme mit ihrer Kondition und Flora war deshalb nicht immer ausgelastet. Ihr Führhund war dann den ganzen Tag sehr unruhig und drehte fast durch, wenn es endlich raus ging. Nachdem wir die Beiden nochmal besucht hatten, fiel uns auf, dass Melissa sehr schlecht aussah. Sie war sehr blass und wirkte kraftlos und müde. Wir sprachen sie darauf an und sie teilte uns mit, dass ihre Zuckerwerte überhaupt nicht mehr gut waren und sie diese demnächst noch einmal genau überprüfen lassen wollte.

Einige Monate später meldete sich Melissa bei uns und teilte uns mit, dass sie Flora leider zurückgeben müsse, da sich ihr Gesundheitszustand massiv verschlechtert hatte. Die Ärzte hatten ihr eine regelmäßige Dialyse verordnet. Aufgrund dessen hatte sie sich entschlossen Flora abzugeben. Melissa bat uns die Einzelheiten selbst mit ihrer Krankenkasse zu klären und dann Flora bei ihr abzuholen. Nachdem wir der Krankenkasse die Situation erklärt hatten, wollte diese Flora schnellst möglichst an einen anderen sehbehinderten Kunden weitergeben. Das Problem dabei war nur, dass dieser sehbehinderte Kunde einen Blindenführhund haben wollte, der linksseitig führte. Da Flora rechtsseitig ausgebildet war, fragte uns die Krankenkasse nach einer Umschulungsmöglichkeit. Wir wussten nicht, wie schnell Flora das Umlernen gelingen würde und veranschlagten dafür erst einmal drei Monate. Da der Krankenkasse die Kosten hierfür zu hoch waren, holten sie einen Kostenvoranschlag bei einer anderen Schule ein. Diese Schule erklärte sich bereit, Flora in vier Wochen von der rechten auf die linke Seite umzuschulen. Dabei kannten sie weder den Hund noch hatten sie eine Ahnung davon, wie Flora ausgebildet worden war und auf welche Kommandos sie hörte. Die andere Blindenführhundschule bekam den Zuschlag und Flora wurde von einem Mitarbeiter dieser Schule bei Melissa abgeholt. Wir waren entsetzt über das Vorgehen der Krankenkasse, denn schließlich handelte es sich hier nicht um ein technisches Hilfsmittel, sondern um ein Lebewesen. Leider wurde das Handeln dieser Kasse nur durch ein Argument bestimmt: Geld sparen!

Nach einigen Monaten erhielten wir ein Schreiben von Melissa's Krankenkasse, dass Flora nicht umgeschult werden konnte, da sie nicht als Blindenführhund geeignet sei. Das war eine unglaubliche Behauptung der anderen Schule, denn Flora hatte während ihrer Ausbildung drei interne Prüfungen bestanden und Melissa immerhin über ein Jahr sicher geführt. Wir antworteten der Krankenkasse und teilten ihr unseren Standpunkt mit. Die Krankenkasse beharrte auf den Erkenntnissen der anderen Schule und reichte Klage gegen unsere Blindenführhundschule ein. Sie wollte mit ihrer Klage erreichen, dass wir Ihnen die für Flora erhaltene Zahlung in voller Höhe zurückgeben mussten. Nun mussten wir uns anwaltliche Hilfe holen, um den Beweis zu erbringen, dass wir unsere Leistung ordnungsgemäß erbracht hatten.

Ein jahrelanger Streit begann, in dessen Verlauf etliche Gutachten und alle Aussagen der Beteiligten gesammelt und ausgewertet wurden. Nach vier Jahren Nervenkriegs fand dann endlich die Gerichtsverhandlung statt. Nach der Beweisaufnahme und der Anhörung aller Beteiligten bekamen wir Recht. Der Richter folgte nicht den Ausführungen der Krankenkasse, sondern schloss sich unserer Auffassung an. Es war der Krankenkasse nicht gelungen, Flora nachträglich als ungeeignet hinzustellen. Da Flora nach wie vor das Eigentum der Krankenkasse war, musste noch entschieden werden, was mit ihr passieren sollte. Das Gericht entschied, dass uns das Eigentum an Flora übertragen wurde und somit konnten wir sie bei der anderen Schule abholen und in eine Privatfamilie vermitteln.

Als ich Flora bei der Schule abholte, wurde ich von Flora's Trainerin empfangen. Diese stimmte nicht mit der Auffassung ihres Geschäftsführers überein, was das Wesen von Flora betraf. Sie mochte Flora sehr gerne und schwärmte von ihrem sanften Wesen, ihrer Sensibilität und ihren Qualitäten als Blindenführhund. Ich war froh, dass Flora die ganze Zeit bei dieser Trainerin verbracht hatte, denn diese hatte die Hündin richtig eingeschätzt.

Flora lebt mittlerweile in einer Familie und hat nach all dem Hin und Her hoffentlich noch einige schöne Jahre vor sich!

August – Ein Großpudel mit besonderen Fähigkeiten

Als ich den schwarzen Großpudelrüden August zur Ausbildung bekam, merkte ich von Beginn an, dass dieser Hund besonders gut für seine spätere Aufgabe geeignet sein würde. Damals wusste ich noch nicht genau in welcher Hinsicht, dass sollte sich aber im Laufe der Ausbildung dieses Hundes herausstellen. Seine Auffassungsgabe war eigentlich genauso wie bei jedem anderen Großpudel auch. August lernte sehr schnell und freute sich auf jede neue Herausforderung. Die erste Prüfung meisterte er sehr souverän.

Im Laufe jeder Blindenführhundausbildung steht auch das Beachten des fließenden Verkehrs auf dem Lehrplan. Das bedeutet, dass sobald sich ein Auto, Fahrrad, Bus oder sonstiges Gefährt auf der Straße befindet, der Hund den Befehl zum losgehen verweigern soll, um den Sehbehinderten zu schützen.

Als August diese Lektion wirklich verstanden hatte und wusste, dass es um den fließenden Verkehr ging, verhielt er sich absolut unglaublich. Immer wenn er den Befehl zur Straßenüberquerung bekam, blickte er erst in beide Richtungen, um zu prüfen, ob sich Verkehr näherte. Wenn frei war, überquerte er zügig die Straße. Näherte sich hingegen ein Fahrzeug, stemmte er seine Füße in den Boden und verweigerte jedes Losgehen und ließ sich dann auch nicht vorwärts schieben.

Da wir bei dieser Übung jegliche Einflussnahme des Trainers ausschließen wollen, testen wir die Verweigerung auch "blind". Das bedeutet, dass der Trainer eine Dunkelbrille aufhat und von einem sehenden Trainer begleitet wird. Dieser nimmt aber keinen Einfluss auf den Hund, sondern hilft lediglich bei der Orientierung.

Bei diesem Test zeigte August genau das gleiche Verhalten wie im vorherigen Training. Er blickte nach rechts und links und überquerte, als frei war, zügig die Straße.

Dieses Verhalten war nicht die einzige Besonderheit an diesem Hund. Sobald ich bei August nur daran dachte, wo wir jetzt hingehen würden, wusste mein Hund Bescheid und drehte sich in die vorgesehene Richtung, obwohl er noch kein Kommando von mir erhalten hatte.

Dass Großpudel sehr sensible Hunde und hochintelligent sind, wusste ich schon vorher, aber dass sie so einen ‚Empfang' haben berührt und fasziniert mich bis heute!

Bommel – Der Scheidungshund

Nora, die sehbehinderte Besitzerin, bei der Bommel als Blindenführhund arbeitete, rief uns eines Tages ganz aufgelöst an. Sie teilte uns mit, dass sie Bommel nicht mehr behalten könnte. Der Grund dafür war, dass ihr Mann sich scheiden lassen wollte und sie mit ihren drei Kindern das Haus räumen müsse. Eine Wohnung zu finden, stellte sich mit drei Kindern und einem Hund als unmöglich heraus und so entschloss sie sich schweren Herzens sich von der zweieinhalbjährigen Bommel zu trennen. Wir informierten Nora's Krankenkasse, die sich mit der Abholung von Bommel und der Weitervermittlung an einen anderen sehbehinderten Kunden einverstanden erklärte.

Als ich zu Nora fuhr, um Bommel abzuholen, dachte ich mir schon, dass es nicht leicht werden würde. Nora öffnete mir die Tür und Bommel begrüßte mich stürmisch. Die Kinder waren auch alle da und hatten bereits rotgeweinte Augen. Nora schilderte mir ihre Situation und fing zwischendurch immer wieder an zu weinen. Sie wollte Bommel nicht hergeben, sah unter den genannten Umständen aber keine andere Möglichkeit. Ich verstand sie und versicherte ihr, dass Bommel einen guten Platz bei einem anderen sehbehinderten Besitzer bekommen würde. Nach unserem Gespräch fühlte sie sich dann doch etwas besser. Jetzt folgte der schwerste Teil: Die Kinder verabschiedeten sich einzeln bei Bommel und gaben ihr noch zum Abschied ein Kuscheltier mit. Nora begleitete mich noch zum Auto und nahm dann auch Abschied von ihrer ins Herz geschlossenen Bommel. Sie drückte sie ganz fest und schluchzte laut. Ich ließ ihr die Zeit, die sie brauchte, um sich von ihrem Hund endgültig zu verabschieden. Dann fuhr ich los und die ganze Familie blieb noch lange auf der Straße stehen, um uns hinterher zu winken. Auch ich hatte einen riesen Kloß im Hals, denn ich hatte gesehen, wie schwer es der Familie gefallen war, Bommel herzugeben.

Als ich zu Hause ankam ließ ich Bommel erst einmal Zeit, sich wieder bei uns einzuleben. Nach einer Woche nahm ich sie dann mit zum Training, um ihren Ausbildungsstand überprüfen zu können. Bommel beherrschte noch fast alle Kommandos. Es hatten sich zwar ein paar kleine Nachlässigkeiten eingeschlichen, die sich aber durchs tägliche Training wieder relativ schnell korrigieren ließen. Bommel entwickelte sich gut und konnte nach zwei Monaten an einen neuen blinden Besitzer übergeben werden.

Die Einschulung verlief problemlos und man merkte, dass Bommel fast zwei Jahre eine sehbehinderte Frau geführt hatte und damit schon ein erfahrener Führhund war. Sie machte es ihrem neuen Besitzer Oliver leicht. Das einzige Problem mit dem sich die Beiden herum schlagen mussten, war Bommels Verfressenheit. Sie fungierte wie ein Staubsauger, der überall Fressbares fand und das in einer Geschwindigkeit aufnahm, dass Oliver es oft zu spät bemerkte. Da Bommel einen Magen wie ein Wildschwein hatte, verdaute sie die Leckereien meist ohne Probleme und ohne nachträgliche Auswirkungen wie Durchfall. Oliver musste eher darüber schmunzeln wie gewitzt sein Hund war, wenn es darum ging, an Fressbares heranzukommen. Da wurde schon mal an der Haustür ohne Grund gebellt nur um Oliver vom Wohnzimmertisch wegzulocken und nachdem Oliver an der Haustür nachgesehen hatte, wer da war und zum Tisch zurückkehrte, war seine Wurstsemmel auch schon verschwunden!

Während der Einschulung stellten wir fest, dass Oliver vorher nie alleine raus gegangen war und deshalb mussten wir uns seine Wege ganz neu erarbeiten. Glücklicherweise kannte er sich gut aus, denn er war hier geboren und hatte früher gesehen. Oliver hatte auf tragische Weise sein Augenlicht verloren. Er erzählte uns seine Geschichte: Es war an einem schönen Sommertag, den Oliver dazu nutzte, um eine Spritztour mit seinem Motorrad zu unternehmen. Er war bereits eine Stunde unterwegs gewesen als es passierte. Oliver fuhr auf eine scharfe Kurve zu und musste unvermittelt sehr stark abbremsen, weil ein Reh seinen Weg kreuzte. Die starke Bremsung brachte sein Motorrad zum Schleudern und er raste auf die Leitplanke zu. Sein Motorrad geriet mit ihm unter die Leitplanke und Oliver wurde dabei schwer verletzt. Olivers Leben konnte gerettet werden, aber sein Augenlicht hatte er verloren. Er brauchte sehr lange, um wirklich zu realisieren, dass er nun nicht mehr sehen konnte. Sein Leben hatte sich schlagartig verändert und er kam damit nicht zurecht. Seine damalige Freundin konnte sein Leiden nicht mehr mit ansehen und verließ ihn. Das war für Oliver der nächste Schock, den er zu verarbeiten hatte. Er fiel in ein tiefes Loch voller Ohnmacht und Selbstmitleid. Seine Familie versuchte ihm so gut es ging aus dieser Krise zu helfen, doch Oliver blockte ihre Hilfe ab. Nachdem er die Reha beendet hatte und nach Hause konnte, verkroch er sich in seiner Wohnung und vermied jeglichen Kontakt zur Außenwelt. Glücklicherweise ließen ihn seine Freunde und seine Familie nicht im Stich und sorgten dafür, dass er immer mal wieder unter Leute kam und nicht nur Trübsal blies. Seine Familie hatte dann den Einfall, dass ein Blindenführhund für Oliver das richtige Mittel sein könnte, um wieder mehr rauszukommen. Oliver liebte schon immer Hunde und willigte ein.

Als wir Bommel dann Oliver vorstellten war er zu Beginn etwas skeptisch, denn eigentlich hatte er sich einen Schäferhund als Führhund vorgestellt. Bommel kam ins Zimmer und steuerte zielsicher auf Oliver zu und ließ sich vor ihm auf den Rücken fallen. Damit zeigte sie unmissverständlich, dass sie sich bereits für Oliver entschieden hatte. Nachdem dieser Bommel eine Zeit lang am Bauch gekrault hatte, beschlossen wir einen ersten Führgang zu unternehmen. Nach diesem Führgang mit Bommel war Oliver restlos begeistert von ihrer Führfreude und ihrem ausgeglichenen Wesen. Mit ihrer Lebensfreude und ihrer Spiellaune steckte sie Oliver an und er genoss die Beschäftigung mit ihr.

Oliver entschied sich für Bommel und so konnte kurze Zeit später die Einschulung beginnen. Bommel lernte die neuen Wege sehr schnell und führte Oliver um alle Hindernisse herum zum Ziel. Dieser genoss die neu gewonnen Freiheit mit seinem Führhund und war nach vielen Jahren endlich wieder unterwegs zu Freunden und in Geschäfte. Er musste nun niemanden mehr darum bitten, ihn irgendwo hinzubringen, sondern konnte alleine entscheiden wann und wo er mit seiner Bommel unterwegs war. Die Bindung zwischen den Beiden wuchs von Tag zu Tag, denn sie waren immer gemeinsam unterwegs. Auch der Familie fiel die neue Geschäftigkeit von Oliver auf und sie bemerkte, dass es ihm mit Bommel viel besser ging.

Auch Oliver hat nach nunmehr eineinhalb Jahren mit Bommel erkannt, dass es seine beste Entscheidung war! Die Beiden hängen sehr aneinander und haben sich mittlerweile auch viele neue Wege alleine erarbeitet. Oliver hat durch Bommel wieder mehr Selbstvertrauen bekommen und versucht sein Leben nun wieder aktiv zu gestalten.

Vorstellung der Autorin

Tanja Kohl wurde 1969 geboren und lebt mit ihrem Mann und ihren fünf Hunden (vier Labrador-Retrievern und einem Schäferhund) in Hessen. Neben der Ausbildung von Blindenführhunden gibt sie Seminare zu diesem Thema und zeigt die Arbeit von Blindenführhunden in Kindergärten, Grundschulen und Altenheimen.

In ihrer mobilen Hundeschule gibt sie ihre Erfahrungen auch an Familienhundebesitzer weiter und unterrichtet pädagogische Fachkräfte, die ihren eigenen Hund zum Therapiehund ausbilden möchten.

„Die Treue eines Hundes ist ein kostbares Geschenk,
das nicht minder bindende moralische Verpflichtungen auferlegt,
als die Freundschaft zu einem Menschen."

Konrad Lorenz

Weitere Veröffentlichungen der Autorin

Blindenführhunde ausbilden

Kynos Verlag

ISBN 3-938071-03-6

Kaufpreis: 16,90 EUR

Erscheinungsdatum: Januar 2008

Kurzbeschreibung

Blindenführhundetrainer das erscheint vielen Hundefreunden als Traumberuf. Leider vergisst dabei so mancher, dass er ebenso viel mit Menschen zu tun hat wie mit Hunden und dass neben Einfühlungsvermögen in die schwierige Situation sehbehinderter Menschen auch Organisationstalent und unternehmerische Fähigkeiten vorhanden sein müssen. Die Autorin hat vor Jahren den Sprung in die Selbstständigkeit gewagt und betreibt zusammen mit ihrem Mann eine erfolgreiche Blindenführhundschule. Beide haben damit ihren Traum verwirklicht, auch wenn es nicht immer einfach war, und geben ihre gesammelten Erfahrungen an den Leser weiter. Über die derzeitigen gesetzlichen Grundlagen, persönliche Eignung und Qualifikation über Unternehmensgründung, Auswahl und Ausbildung der Hunde und Umgang mit den sehbehinderten Kunden werden alle wichtigen Themen angesprochen.

Druck:
Customized Business Services GmbH
im Auftrag der KNV-Gruppe
Ferdinand-Jühlke-Str. 7
99095 Erfurt